壽山石文化叢書

王世襄題

方宗珪／著

寿山石鉴藏指南

ShouShanShi
JianCang ZhiNan

荣寶齋出版社

图书在版编目(CIP)数据

寿山石鉴藏指南 / 方宗珪著. －北京：荣宝斋出版社，2007.7

(寿山石文化丛书)

ISBN 978-7-5003-0961-1

Ⅰ.寿… Ⅱ.方… Ⅲ.①寿山石－鉴赏－指南②寿山石－收藏－指南 Ⅳ.G894-62

中国版本图书馆 CIP 数据核字（2007）第 072409 号

丛书题签　王世襄
策划编辑　骆芃芃
责任编辑　李宏禹
装帧设计　郑子杰
　　　　　安鸿艳
电脑制作　王　玺
　　　　　孙海燕
责任印制　毕景滨

寿山石文化丛书 · 寿山石鉴藏指南

出版发行　荣宝斋出版社　邮编：100735
地　　址　北京市东城区北总布胡同 32 号
制版印刷　北京燕泰美术制版印刷有限责任公司
开　　本　787 毫米 × 1092 毫米　1/16　印张 13
版　　次　2007 年 7 月第 1 版
印　　次　2007 年 7 月第 1 次印刷
印　　数　0001-5000
定　　价　86.00 元

目录

概　说 1

寿山石矿藏 6 一、矿区地质
7 二、矿床成因和矿质特征

寿山石品种分类 11 一、田坑石类
15 二、水坑石类
25 三、山坑石类

寿山石艺品鉴赏 126 一、雕刻历史沿革
158 二、作品鉴识

收藏与投资 188 一、收藏市场发展简况
190 二、寿山石的投资价值
196 三、藏石保养须知

概 说

在我国，收藏鉴赏寿山石之风始于何代，由于史料所限目前尚难确定。从现有的出土、传世实物和文献记载考证，可知早在1500多年以前的南朝时期，寿山石雕刻工艺品就已经问世。到了两宋，寿山石矿大行开采，寿山石雕技艺成熟。据南宋淳熙年间梁克家《三山志》记载："寿山石，洁净如玉，大者可一二尺，柔而易攻，盖珉类也。"在古代，"珉"泛指美石。许慎《说文解字》说："珉，石之美者，从玉，民声。"《周礼》引《珉玉三采》注云："三采，朱、白、苍也。"

南宋理宗时祝穆编撰的《方舆胜览》中，将寿山石与荔枝、素馨、茉莉等并称为福州特产。再参证近半个世纪以来福州地区大量出土的寿山石殉葬品，足以证明寿山石的天生丽质早已被世人所瞩目。民间玩赏、鉴藏寿山石的风尚至少已逾千年的悠久历史。

元明之间，随着社会上石质印章的流行，寿山石以其洁净如玉，柔而易攻，兼备实用、观赏和收藏等多种功能的特色，不但博得篆刻家的赞誉，同时也广为收藏家所青睐，从而使质料温润、钮饰精美的寿山石章登堂入室，成为文人墨客的文房珍宝，身价骤增。明代著名诗人谢肇淛盛赞寿山石，并品评：艾绿为第一，丹砂次之，羊脂、瓜瓤红又次之。在明代，寿山石艺术品开始为皇宫所秘藏。这些珍宝虽然在明清两朝交替期间大批散失，但至今北京故宫博物院仍珍藏部分明代皇帝御用寿山石印玺。

自清以降，寿山石名声大著，见重藏家，鉴藏活动得以空前发展，大致可分为皇家收藏和民间收藏两个部分。

清代是中国封建社会的最后一个王朝，特别在康、乾时期，政权稳定，经济繁荣，地方官吏搜寻寿山石珍品进贡宫廷，得到皇上的钟爱。康熙、雍正和乾隆三朝皇帝都有玩赏寿山石的嗜好，在位时还特命内务府造办处精制印玺、艺品，专供御赏。这些富有浓厚宫廷韵味的帝王"秘藏"，数量之丰、品质之佳，绝非私家藏品可比。只可惜长期深藏宫苑，庶人自然难得一窥。如今，以收藏明清宫廷文物著称的北京与台北两地故宫博物院将它陈列公开展出，始使稀世珍宝重见天日。

清时民间收藏大多集中于达官显宦、豪门富贾等权贵闲逸阶层，他们以此附庸风雅，炫耀身份。如怡亲王、郑亲王等皇族都极力搜罗田黄宝石。据陈亮伯《说印》记载：曾在尚古斋见到怡邸所藏田黄六方，其中两方成对者大如皇帝之玺，上镌“怡亲王宝”四字，高四寸半，围长四寸半，刻狮钮。康熙时担任福建总督的范承谟在职期间收藏大量寿山美石，还以重金聘请雕刻名师到寓中长年为他制印刻钮。当康熙十三年靖南王耿精忠在闽起兵谋反时，将范承谟囚禁土室迫令自尽，平生所藏皆被侵没。耿精忠步其后尘，在踞闽期间也凭借权势大肆掠夺寿山石宝藏。诗人查慎行曾吟云：“强藩力取如输攻。”至康熙十五年，康亲王杰书奉命入闽讨伐，大批寿山石珍宝被运载京都。此后，凡将军督抚，下至游宦玆土者，也争相寻觅收藏，如布政使龚易图、太傅陈宝琛等官吏都是名噪一时的寿山石鉴藏家。寿山珍品一旦到了藏家手中，便视同拱璧，秘不示人，期望子孙永宝。然而，往往不出几代便流入市肆，物易其主，或遭天灾人祸而损毁，令人痛惜。

20世纪初，清王朝覆灭后，取而代之的““民国””政权新贵，对寿山石的迷恋程度，比起那些遗老遗少有过之而无不及。许多宫中珍玩落入他们之手，寿山石收藏队伍也进一步扩大，除政客官僚、豪门富绅外，还有不少金融界、工商界和文化界名流，范围遍及各大、中城市及亚洲各国。日本侵华期间，敌伪军政要员也极力搜刮寿山石。据文献资料，“汪伪”时期的联合银行总裁汪时璟收集田黄石甚多，其中有一对“虎钮田黄冻印章”材巨质佳，刻制精良，光彩夺目，极为璀璨。

数百年来，不少鉴赏家致力于寿山石的研究和推广工作。他们大动笔墨，尽态评研，留下了大量诗词文著。康熙时的高兆《观石录》和毛奇龄《后观石录》，是现存最早的两篇寿山石著述。文中对所见、所藏寿山佳品逐一加以评述，为后世研究清初寿山石品种及其雕刻艺术，留下一份难得的文字记录。毛奇龄提出的“以田坑为第一，水坑次之，山坑又次之”

的寿山石分类、评价观点，对现代鉴藏界普遍采用的“三坑”分类法则，产生极大的影响作用。乾隆时大收藏家郑杰，积30多年藏寿山石500余枚，在所著《闽中录·寿山石谱》中，提出寿山石以产地命名的论点，改变了历史上“因象命名，随色取号”的石种定名方法。虽然受到客观条件的限制，列举石品仅有十余种，未能尽备，但为后代寿山石的科学定名奠定了基础。

步入20世纪，寿山石的鉴赏研究益加深入，30年代龚纶《寿山石谱》、张俊勋《寿山石考》和陈子奋《寿山印石小志》三部学术专著的问世，标志着寿山石文化研究进入一个崭新的历史阶段。

《寿山石谱》出版于1933年。作者出生于书香门第、寿山石鉴藏世家，在攻书习画之余潜心研究寿山石，历数载编成此书。该书是历史上一部比较完整的寿山石专著。《寿山石考》出版于1934年。作者擅诗词，精于文字学的研究。该书是他多年深入矿区调查访问石农后所编，是继《寿山石谱》之后的又一部寿山石著作。《寿山印石小志》出版于1939年。作者是我国现代著名书画篆刻家，具有丰富的鉴赏寿山石实践经验。书中从实用价值角度评述石性，多有独到见解，对鉴定寿山石有着重要的指导作用。

近20多年来，海内外收藏寿山石再掀高潮，藏家队伍之众、学者研究之深，可谓史无前例。

在过去漫长的岁月里，寿山石作为案头陈设、赏玩清供之物，被列为“文玩”的范畴，其中年代久远之精品又称作古玩、古董，倍得藏家珍重。在社会稳定、经济繁荣、人民生活水平不断提高的今天，寿山石走进了平民百姓家，石友遍布世界五大洲。在为数众多的鉴赏家、收藏家和经营商中，尽管他们需求不同，各有所重，或为研究鉴考，或为收藏玩赏，或为陈设装饰，或为投资聚财，但是，都需要共同面对一个问题，即“鉴藏”。

“鉴藏”包括鉴赏和购藏两个方面。所谓鉴赏，就是对寿山石及其雕刻品的鉴定与欣赏；所谓购藏，就是选购与收藏。对藏家而言，具备慧眼辨别真伪的能力、不断提高鉴赏的水平是至关重要的。只有做到能鉴定、懂欣赏，才谈得上收藏与经营。不知鉴赏而盲目购藏，到头来必定会吃大亏。

鉴藏寿山石是一门专业性很强的学问，需要具备一定的学识、见识和辨识水准。

欲求学识渊博就要认真读书，掌握专业知识，不耻下问，请教专家里手，吸收前人的经验，不断充实自己。寿山石作为一种独具特色的文化，有着深厚的内涵和伸展的外延。它涉及到宗教、伦理、哲学、史学、美学、心理学乃至矿业、工业和商业等诸多领域，是立足于中华文化沃土渊源上的一朵奇葩。所以成功的鉴藏家知识面一定要宽，除了掌握专业理论之外，政治、经济、历史、文化及科学技术等相关的学科也是必修之课。

鉴定寿山石要靠“眼识”，而锐利的眼力是经过长年累月地观察辨识才慢慢锻炼出来的，见多才能识广，绝非一日之功所能奏效。初入道者要从观赏研究真品、珍品入手，所谓“必先见真迹，始能辨赝器”。王献唐《鉴赏录》也说：“凡鉴定古物，非见真器不能定伪。”只有知真方能识假。鉴藏者可以通过参观博物馆、展览会和拜访名师高手等途径，仔细观察领会，反复揣摩比较，研究各个石种的质地特征、不同流派的艺术风格，以及古今名家的技巧刀法；同时，还要洞悉种种作伪的手段伎俩，经常将真品与赝品放在一起对照分析，找出它们之间的差异，方能提高自己的辨识能力。

鉴定是一项严肃而又细致的工作，切忌主观武断，片面轻率，务须虚心谨慎，周密审察。譬如，众所周知“石皮”是田石的重要特征之一，然而石皮并非田石所专有，凡掘性独石的外表通常都会裹有色皮，不单寿山的水坑、山坑有此现象，就连各地出产的独石亦如是，只不过因产地不同、条件区别以及埋藏岁月的长短而存在细微差别而已。倘若鉴定时稍有疏忽，往往失之毫厘，差之千里，故不可不慎。

鉴赏、收藏寿山石艺术品已成为当今文明社会的高尚雅好。人们在紧张工作之余，神游于千姿百态的石艺之中，获得美的享受和艺术熏陶。自赏自娱，其乐无穷，真可谓“悠然心会，妙处难与君说”。

收藏离不开鉴赏，收藏也离不开交易。在商品经济社会里，寿山石具备艺术与商品双重属性，属于一种特殊的商品。每件材质美、雕艺精的寿山石艺术品，都是一份贵重的财富，并且随着时代的变迁而不断增值。

目下石市存在着真假杂糅的现象，有些商贾为了牟利，欺人欺世不择手段，以伪乱真，以次充优，以新假旧造成市场混乱，严重地危害了买家的利益。本书拟就寿山石的品种鉴别、质量评定、艺术欣赏以及收藏保养等方面阐述浅见，愿借此抛砖引玉，就正于方家。

寿山石矿藏

一、矿区地质

寿山石出产于我国东南沿海的福建省福州市北部的重峦复涧之中。矿区以晋安区寿山乡的寿山村为中心，分别向东北、东南扩展至日溪乡和宦溪镇。其范围北起党洋、东坪；南达峨眉村，长约30公里；西自汶洋；东至金山顶，宽约10公里。面积广阔，矿脉纵横，蕴量丰富，品质优良。地质勘探表明，该矿区的叶蜡石矿藏储量约达数千万吨，是我国开发最早、规模最大、矿质最佳的大型叶蜡石矿之一。用于雕刻工艺、观赏收藏的寿山石，即是采自区内叶蜡石、地开石矿床中的精华部分。它散布在各处矿层、矿脉中间，或者零星沉积于溪底、田野土层，资源稀少，采凿艰难，是一种具有很高艺术价值和经济价值的彩石。

矿区位处福州北峰最高地势，海拔高度约为七八百米，最高山峰在千米以上。其山系自屏南、古田两县，南趋再转向东北，蜿蜒数百里至寿山村南境。然后分别沿西北、东北和东南方向延伸，地势也渐次向东南趋下。其中与矿藏有密切关系的山脉主要有三支。

第一支　由寿山村南的旗山向东北行，直至日溪乡境。有柳岭、猴柴兰山、旗降山、柳坪尖及黄巢山等峰峦。矿藏以叶蜡石为主，次为高岭石、地开石，因不同矿物含量的差异决定矿石的特征与质量，品种繁复。

第二支　由西南经高山向东北到都成坑山，再转西北至铁头岭而止。有高山、坑头尖、都成坑山、栲栳山和狮头山等山峰。矿藏主要是地开石，次为石英、高岭石以及少量黄铁矿等。石质以细结通灵称著，寿山名贵冻石多出于此。

第三支　由高山分岐而向东南行，到了宦溪镇月洋一带再折向东北，直入连江县境。有芙蓉山、峨眉山和加良山等山峰。矿藏集中于加良山及其附近山峦，以叶蜡石为主，矿质适合工业用途，是我国目前最大型的叶蜡石矿。其中部分矿石亦可用于雕刻，品质亦佳。

寿山及其周边的出露岩石多为中生代侏罗世火山碎岩，并有花岗岩侵入。尚有少许水成岩或为冲积层散见于沿溪。

矿区岩层以石英斑岩和火山角砾岩为主，呈斑状结构，寿山石矿床胎育其间。据地质考察，该地火成岩的喷出时期当在中生代，而断层群及矿脉的形成，约在距今6千多万年前的第3纪初。(图001)

二、矿床成因和矿质特征

福建省的地质，在中生代曾出现过一次重大的变革，其时，大量的岩浆喷出地表。到了晚期，即侏罗世——白垩纪，则以强烈的火山喷发为特征，从而形成东部地区的大面积火山岩分布。

位际寿山　峨眉晚侏罗世火山喷发盆地的山区，在这场地质变化过程当中，得到大自

图001　寿山石矿区俯瞰

图002-①
一块含红、黄、白、黑四种颜色的寿山石

图002-②
不同石色显微镜鉴定图像
A.红色部分放大315倍图像
B.黄色部分放大315倍图像
C.白色部分放大315倍图像
D.黑色部分放大315倍图像

图002-①

然的恩赐。当火山喷发的间隙期和喷发结束之后，还有大量的酸性气体和液体仍然在不断地活动，并对围岩中的长石类矿物进行交代和分解，逐渐地将钾、钠、钙、镁和铁等杂质淋失，留下了铝和硅等较为稳定的元素，从而形成叶蜡石和地开石矿床。从寿山石的化学成分分析可知，二氧化硅（SiO_2）的含量约占60%～70%，三氧化二铝（Al_2O_3）的含量约占30%，而其他成分仅在1%以下。

由于产生矿床的物理条件不同，各矿脉的成矿方式也存在一定的差别。大致可分三种：一种是热液在交代过程中重新结晶成矿，称为“火山热液交代型矿床”；另一种是由岩石中熔脱出来的硅、铝质熔胶体，沿着周围岩石的裂隙沉淀晶化而成矿，称为“火山热液充填型矿床”；尚有一种介乎两者之间，既有交代亦有充填，成矿方式多样化，称为“火山热液充填（交代）型矿床”。

热液交代型矿床 以芙蓉石、峨眉石为典型，矿位在寿山——峨眉晚侏罗世火山喷发盆地东南缘的加良山一带。矿床由略呈环形分布的50多个矿体组成，多数矿体与围岩界线不清，部分矿体出露地表；规模庞大，形态复杂，呈不规则大透镜体状或似层状，矿石主要成分为纯洁叶蜡石。

热液充填型矿床 以高山石、都成坑石为代表，矿位集中于寿山——峨眉晚侏罗世火山喷发盆地西南端的高山、坑头尖一带。矿床呈脉状结构赋存石英斑岩裂隙中，与围岩截然分别，矿层稀薄，走向多变。矿石主成分为地开石。

热液充填（交代）型矿床 以猴柴磹石、老岭石为典型，矿位在寿山——峨眉晚侏罗世火山喷发盆地的西北部，区内出露的石英斑岩、流纹斑岩等多受蚀变为次生石英岩。矿体赋存其中，呈不规则透镜状、脉状或团块状。矿点分散，各具特色。矿石成分以叶蜡石为主，间有石英、高岭石、水铝石以及地开石等。

经检测表明，寿山石中的矿物成分对石质和色泽产生直接的影响。其中微晶石英的含量是决定矿石透明度的重要因素，多数冻石品种的微晶石英普遍偏高，而矿石出现各种颜色纹

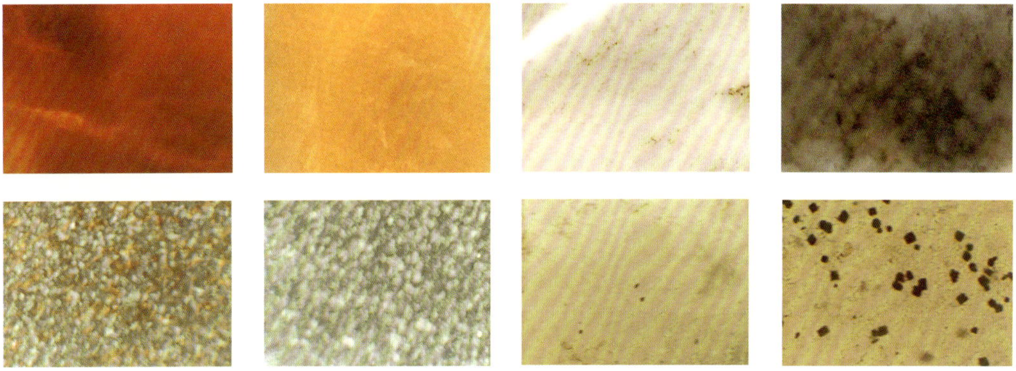

A　B　C　D

图002—②

理的变化，又与它所含元素的比例及吸附杂质的不同有着密切的关系，其中三氧化二铁(Fe_2O_3)对石色的影响最为显著。就一般而言，它的含量愈多，色泽就愈深。这正是寿山石色彩丰富、纹理变幻的原因。

试将一块同时含有红、黄、白、黑四种色泽的高山冻石分色进行显微镜鉴定，结果如下：

红色部分　以地开石为主，次为氧化铁。地开石呈细小鳞片状集合体，氧化铁呈细脉状、羽状或纤维状。单偏光下为褐黄色，正交偏光间干涉色为红褐色。

黄色部分　地开石成分最纯，呈细小鳞片状集合体。偶见呈点状氧化铁散布其间。

白色部分　以地开石为主，含微量绿帘石。地开石呈细小鳞片状集合体，绿帘石呈渗透式向外扩展。

黑色部分　以地开石为主，少量黄铁矿及微量绢云母、绿帘石。地开石呈鳞片状，粗细不一。黄铁矿呈晶粒状浸染分布岩石中，并伴生绿帘石。(图002)

综上可知，寿山石各种颜色的出现是由不同的色素离子和蚀变矿物而决定的。当岩浆与围岩的正长石交换过程中，母岩内的矿物副成分亦受影响而分解渗染，形成瑰丽的石色和奇妙的纹饰。或呈层纹块状，或似行云流水，或为环带斑点，这些颜色具有相当高的稳定性，在自然状态下，千年不变，亦是寿山石的魅力所在。

各色矿石化学成分表

成分 / 含量% / 石色	SiO_2	Al_2O_3	Fe_2O_3	TiO_2	FeO	灼减
红　色	45.35	37.28	0.75	0.02	0.36	13.34
黄　色	45.80	38.46	0.27	0.07	0.12	13.94
白　色	45.65	38.73	0.11	0.01	0.02	14.12
黑　色	44.10	37.3	2.79	0.20	0.01	14.92

图003-①
田坑方位图

图003-③
田坑石产地外景

寿山石品种分类

寿山石以出产地域及矿质特点划分为田坑石、水坑石和山坑石三个大类，计100多个品种。

田坑石类　是指环绕寿山村内、外洋的一条小溪及其旁侧水田底埋藏的寿山块状独石。

水坑石类　是指寿山溪支流发源地——坑头尖山麓的矿脉中出产的寿山石。

山坑石类　是泛指寿山村及其毗邻的山峦岩层中的寿山石矿床。由寿山和峨眉两个区域组成，有14个矿脉。

一、田坑石类

田坑石产自寿山村环绕内、外洋的一条长约8公里的小溪流地段。矿石呈块状零星深埋于田地泥沙层及溪底。(图003)

图003—②
中国寿山石馆

图003—②

田坑以出产“田石”而名闻遐迩，同时与其共生的尚有一种粗质块状独石，名“牛蛋黄石”。

1.田石

田石是埋藏于田坑的块状地开石总称。品种根据每一矿块的色相和质地特征分别命名。

主要有：田黄石、白田石、红田石、黑田石、乌鸦皮田石、搁溜田石、溪管田石和硬田石等。(图004、图005)

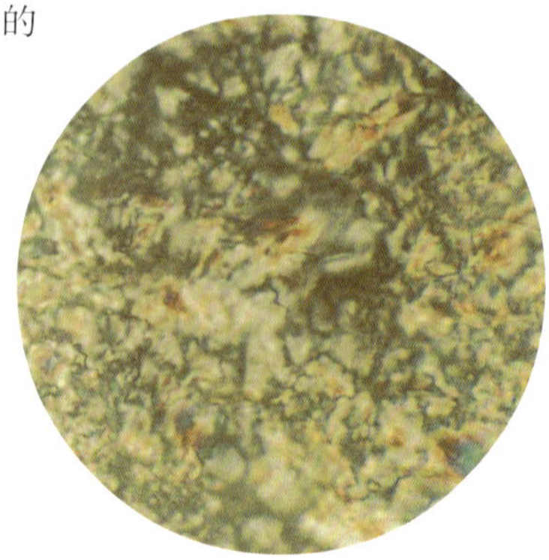

图004　田石放大1000倍图像

图005　一块未经雕刻加工的田黄石璞　重166克

2.牛蛋黄石

牛蛋黄石又称“鹅卵黄石”，是散藏在寿山溪底及沿岸田地中的一种块状独石，以下坂至碓下坂段最夥。这类石虽与“田石”同出田坑，但两者矿质却有显著差别，它的主要矿物成分是叶蜡石。标本薄片经显微镜检测，显微鳞片变晶结构：原岩遭受强烈蚀变作用，结构全部消失。叶蜡石中有小块状地开石、高岭石聚体分布，但结晶程度差，另有微量褐铁矿杂质。

牛蛋黄石　呈卵蛋形，光滑无明显棱角，块度大小不等，小者重仅十数克，巨者可达几公斤；不透明或微透明，质微润，肌理多含绵砂与裂纹；色多纯黄，也有土红、灰

图006　黄皮红心牛蛋黄石璞

白，外表包裹粉黄或黑、白色皮，偶有出现黄皮红心或红皮黄心及多色相裹的奇特色相。其中质优者，貌似“田黄石”，唯肌理多隐粉末状细点，无萝卜状纹理，俗有“牛蛋田”之称。(图006)

在清代，牛蛋黄石已有挖掘出土并用以雕刻，鉴藏家常与硬田石、鹿目格石相混。至民国初年，始见文献记载，梁津在《福建矿务志略》中说：“牛蛋黄，腾黄色，微透明，产溪泥中”，对其具体产地并未作明确说明，以致后世著述往往误认为牛蛋黄石出自山坑的“马头岗山蹊间”。近年经实地勘察，错误始得澄清。在1999年福建省技术监督局颁布的《寿山石雕石种名称标识规定》中，根据牛蛋黄石的矿位、产状等特征，将其归入“田坑”类别，牛蛋黄石的类属得以确认。

图007—① 水坑方位图

图007—② 水坑石产地外景

二、水坑石类

1.水坑石特征

水坑石产自寿山村南面的坑头尖山麓，西接高山峰，北连都成坑山，为坑头溪流的发源地。矿脉呈东西走向，85度向南倾斜，夹生于坚硬的石英斑岩裂隙中，矿层稀薄，约在15厘米～30厘米之间，时断时续，蕴量甚微。(图007)

水坑石的主要矿物成分是地开石，其间掺杂少量黄铁矿微粒及原岩残留成分。标本薄片经显微镜检测，显微鳞片变晶结构。地开石分为两期——早期地开石结晶非常细小，粒径一般都在0.005毫米以下；晚期地开石呈显微细脉状，将早期地开石切割成棱角状，结晶粒径约在0.01毫米～0.03毫米之间。薄片无色，呈鳞片状。正交偏光间干涉色为一级灰白。黄铁矿呈微粒或脉状分布。(图008)

由于该处矿床成矿时沉淀晶化方式特殊，所以矿质十分优良，多为透明状结晶体。其品质远胜山坑诸脉所出，且矿洞深入地下水层，出产的各种冻石、晶石自成特色，弥足珍贵，故单独列为“水坑”类别。

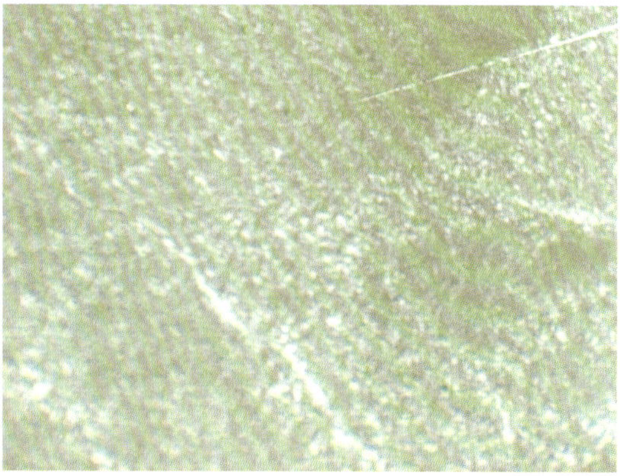

图008 水坑冻石放大400倍图像

水坑石矿洞开发于明代，初由广应院寺僧采石。由于地势险恶，深邃莫测，复有水患，凿采艰难，产量极少。延至清代康熙年间，复行开采，产石量多且质佳，“水坑”一名始流行于世，身价百倍。高兆《观石录》称：“水坑

图009
薄意枫桥夜泊　坑头冻石
7.5×6×2.5（cm）
叶子作

图010
云月水影圆顶长方章　巧色坑头冻石
8.7×3.7×2（cm）

图011
李太白　坑头晶石
5.5×7×3.5（cm）
郭茂康作

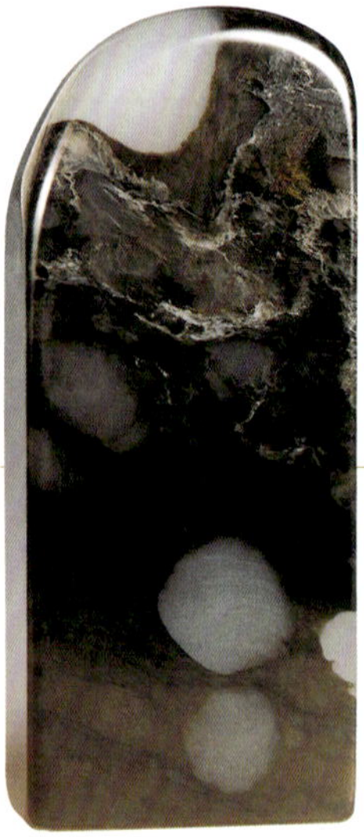

图010

图009

悬绠下凿，质润姿温。”惜未久洞陷产竭，古洞遗址至今犹存。

20世纪以来，石农曾多次试图重新开发水坑珍石，绕古洞左右先后开辟多个矿洞，每次均耗费巨资和大量劳力，抽水寻脉，凿岩取石，虽有所获，但材细量微，得不偿失，终因洞底积水无法排除，影响采矿而停产。水坑之精华可望而不可及，采凿之难不言而喻。故民间流传之水坑精品，多为百年旧物，甚为稀罕。

水坑石质纯洁而坚细，莹澈而凝腻，以出产各种“冻石”“晶石”而著称。

2.水坑石名品

水坑出产的矿石，统称为“坑头石”，以产地名。其各色俱有，其中白、黑或泛青蓝者

图011

图012—1

图012—2

图013

图014

为常见，以色相命名者有"坑头白""坑头乌"和"坑头青"等。其中质地纯洁凝腻的矿块取名"坑头冻石"(图009、图010)，质地晶莹的矿块取名"坑头晶石"(图011)。

水坑中所出的种种"水冻"，最具特色，尤为珍贵。鉴藏家根据不同质色分别命名取号，如坑头水晶冻石、坑头鱼脑冻石、坑头鳝草冻石、坑头牛角冻石、坑头天蓝冻石、坑头桃花冻石、坑头玛瑙冻石、坑头环冻石、坑头冻油石以及掘性坑头石等。

(1)坑头水晶冻石

坑头水晶冻石，古称"晶玉"，因石质透明莹澈如同水晶而得名。高兆《观石录》称其："肤理莹然，映烛侧影，若玻璃无有障碍。"毛奇龄《后观石录》载："殷于菜玉而白于蕨粉然，故明透，曰'晶玉'。"(图012)

坑头水晶冻石的品目，分别以色相取名，主要有：坑头白水晶冻石、坑头黄水晶冻石、坑头红水晶冻石和坑头巧色水晶冻石。

坑头白水晶冻石　指纯白色的水晶冻石，是水坑石中最具代表性的品种。其通体洁净透明，濯濯冰雪，澄澈心俯；质结而细，肌理偶有粟状粉白点嵌缀其间，俗称"虱卵"；或含黑丝如毛发者，俗称"发晶"。(图013、图014)

坑头黄水晶冻石　指纯黄色的水晶冻石。其淡若初熟之杏，浓比剥皮枇杷，通明纯正无瑕玷；佳者如蜜蜡，温纯凝腻，间有红筋，近似"田黄冻石"；但没有石皮，色泽表里如一，俗称"黄冻"，乃水坑之极品。"民国"期间曾有少数出产，今已稀罕难觅。(图015)

坑头红水晶冻石　指纯红色的水晶冻石。其浓艳如红烛，通透无瑕，在灯下分外耀眼；纯洁者难求，多数

图015

图012　水坑、山坑水晶冻石比较
012-1　兽钮方章　水坑水晶冻石　　012-2　双兽钮方章　山坑水晶冻石

图013　母子牛钮椭圆章　坑头白水晶冻石　6.8×2.8×1.5（cm）　冯坚欣作

图014　灵芝螭钮椭圆章　坑头发晶冻石　5.5×4.2×1.5（cm）

图015　布袋和尚　坑头黄水晶冻石　5×3×1.5（cm）　林元庆作

图016　螭钮方章　坑头鱼脑冻石　6.3×2.5×2.5（cm）

图017　羊钮方章　坑头鳝草冻石　9.2×2.3×2.3（cm）

仅为黄水晶石中局部含有橘红色调，肌理具筋络如瓜瓤。

坑头巧色水晶冻石　指两色以上混合的水晶冻石。其色多浓淡交融渐变，或白转淡黄，或黄、红间杂，艳丽夺目。

(2)坑头鱼脑冻石

坑头鱼脑冻石，古称“羊脂冻”，其是白水晶石中的精华部分，色白明净，肌体半透明含纤细纹理，质极凝腻脂润，因状如煮熟的鱼脑，故名。毛奇龄《后观石录》称其：“玉质温润，莹洁无颣如搏酥割肪，膏方内凝，而腻已外达。”诗人黄任吟赞：“是名津津鱼脑冻，欲滴不滴凝为膏。蓝桥云浆冻不饮，结作冰片能坚牢。名门市门俱罕觏，一两半两皆幸遭。大如拇指小枝指，半粟尘垢千爬搔。雕人睨视不敢琢，审曲面执争分毫。间作小印古篆刻，拣选好手工操刀。沉檀为匣谨什袭，裹以古锦莹以条。”(图016)

图016

(3)坑头鳝草冻石

坑头鳝草冻石，又称“仙草冻石”。其色蟹青中略带微黄，含细点，类似鳝鱼之脊背；也有色灰白，呈半透明体，肌理隐现条条色纹，状如水底飘荡的草叶，或寥寥数片，或满石密布。此系水坑冻石中之奇特纹饰，亦不常见。(图017)

图017

(4)坑头牛角冻石

坑头牛角冻石，是水坑中常见的冻石品种。其色黑中带赭，质明澈温雅而富有光泽，肌理隐约流纹状；浓者如水牛

图018—②

图018—①
薄意无量寿佛随形章 坑头牛角冻石
林清卿作 福建省博物院藏

图018—② 局部肌理图像

图018—①

角，淡者似犀牛角。郭柏苍《闽产录异》称其“色如牛角通明过之。牛角冻中有纹如犀角者，亦有微黄挂皮，如定窑之油坠者”。陈子奋《寿山印石小志》评牛角冻优劣时说：“向空视之，现暗黄色，此其佳品。不甚透明而多砂点裂痕者，次之。”可知，通灵度和纯洁度是衡量其品质的主要标准。(图018)

(5)坑头天蓝冻石

坑头天蓝冻石，古时有“蔚蓝天”“霞天散绮”“青天散彩”等种种雅称。其质地明净，色泽灰蓝，或如雨过天晴，或似深秋初晓；肌理含色点及棉花絮状细纹，仿佛朵朵云彩，倒影湖波，以色淡地清者为佳品。高兆《观石录》形容其“出青之蓝，蔚蔚有光”，又云“对之有酒旗歌板之思”。毛奇龄《后观石录》盛赞蔚蓝天：“渐如晚霞蒸郁，稍侵柴焰，而垂似黄云接日之气，真异观也。”(图019)

(6)坑头桃花冻石

其坑头桃花冻石，古时有“桃花水”“桃花天”“浪滚桃花”以及“桃晕”等种种雅称。其在白色或黄色通灵的石质中，含鲜红色细点，疏密有致，聚散有情，浓淡掩映，点点分明，光彩夺目，娇艳欲流，其状如同片片桃花瓣浮沉在清澈的溪水之中。以质地纯白洁净而红点细密者，为妙品；若混杂砂格或花点凝结者，次之。该石种绝产已久，现今石市所见多为山坑所出。

(7)坑头玛瑙冻石

坑头玛瑙冻石，质地通灵，有红、黄、白等色，因纹理类似“玛瑙”而得名。其色彩不

图019　光头斜顶长方章　坑头天蓝冻石

图020　圆顶随形章　坑头巧色玛瑙冻石　4×5×3（cm）

图019

图020

论纯一或是交融，皆光彩烂漫。

玛瑙冻石的品目，分别以色相取名，主要有玛瑙红冻石、玛瑙黄冻石、玛瑙白冻石和巧色玛瑙冻石。

坑头玛瑙红冻石　指纯红色的玛瑙冻石。其浓淡相间，鲜艳如鸡冠者佳。

坑头玛瑙黄冻石　指纯黄色的玛瑙冻石。其淡黄色肌理中含栗黄团块，以地清者为上品。

坑头玛瑙白冻石　指纯白色的玛瑙冻石。其多为水晶地含乳白色块，偶杂淡墨色晕及黑斑，难得洁净。

坑头巧色玛瑙冻石　指两色或多色相间的玛瑙冻石。其白地杂黄、红斑纹，或红地杂灰、白色块，相得益彰，分外娇艳。(图020)

(8) 坑头环冻石

坑头环冻石，是指水坑冻石肌理中隐现水泡状小圆圈的矿块。其或单环、或双环乃至多环相连，奇妙绝伦，别具神韵；常见于水晶冻石和牛角冻石之中，以环纹清晰。疏密得当为

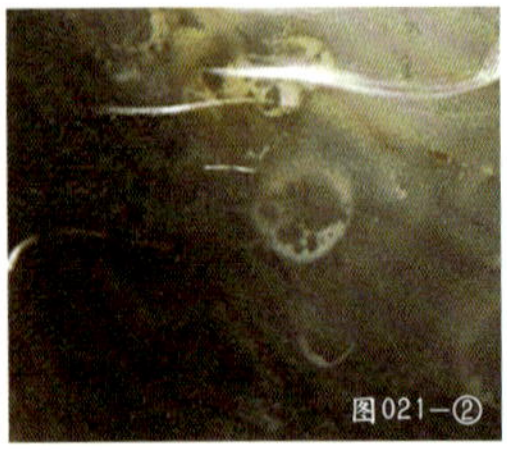

图021—②

图021—①
圆顶扁方章　坑头环冻石

图021—②
局部肌理泡状圆圈

图022
圆顶随形章　坑头冻油石

图023
薄意山水随形章　掘性坑头石
8×6.5×3（cm）
旧藏品

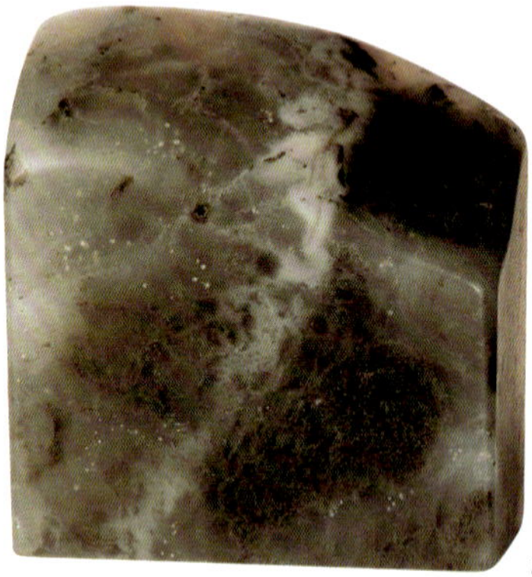

图021—①

图022

上品；圆圈色多灰白或深灰，经油渍后色渐变淡乃至消失，亦有色反增浓，环纹更加显露，藏家宝之。(图021)

(9)坑头冻油石

坑头冻油石，产自水坑矿床中，因润滑如结冻之油蜡而得名。其质坚细，多裂纹，不透明或微透明，颇具滑腻感；色脂白或略带牙黄、淡灰，间杂细黑点。其中纯洁者，酷似“猪油白芙蓉冻石”，唯稍逊细嫩。(图022)

(10)掘性坑头石

掘性坑头石，俗称“坑头田”，是产自坑头山坡砂土中的块状独石。其形如卵蛋，质温润坚细，微透明或半透明，肌理隐现纤细纹理；色多棕黄或赭黑，外裹粉黄色皮，偶见红筋，貌似“田黄石”；所异之处在于这种石多含粉白色晕点，时有金属细砂夹杂其间，在强光下银光闪耀，故可辨认。(图023)

图023

图024—②

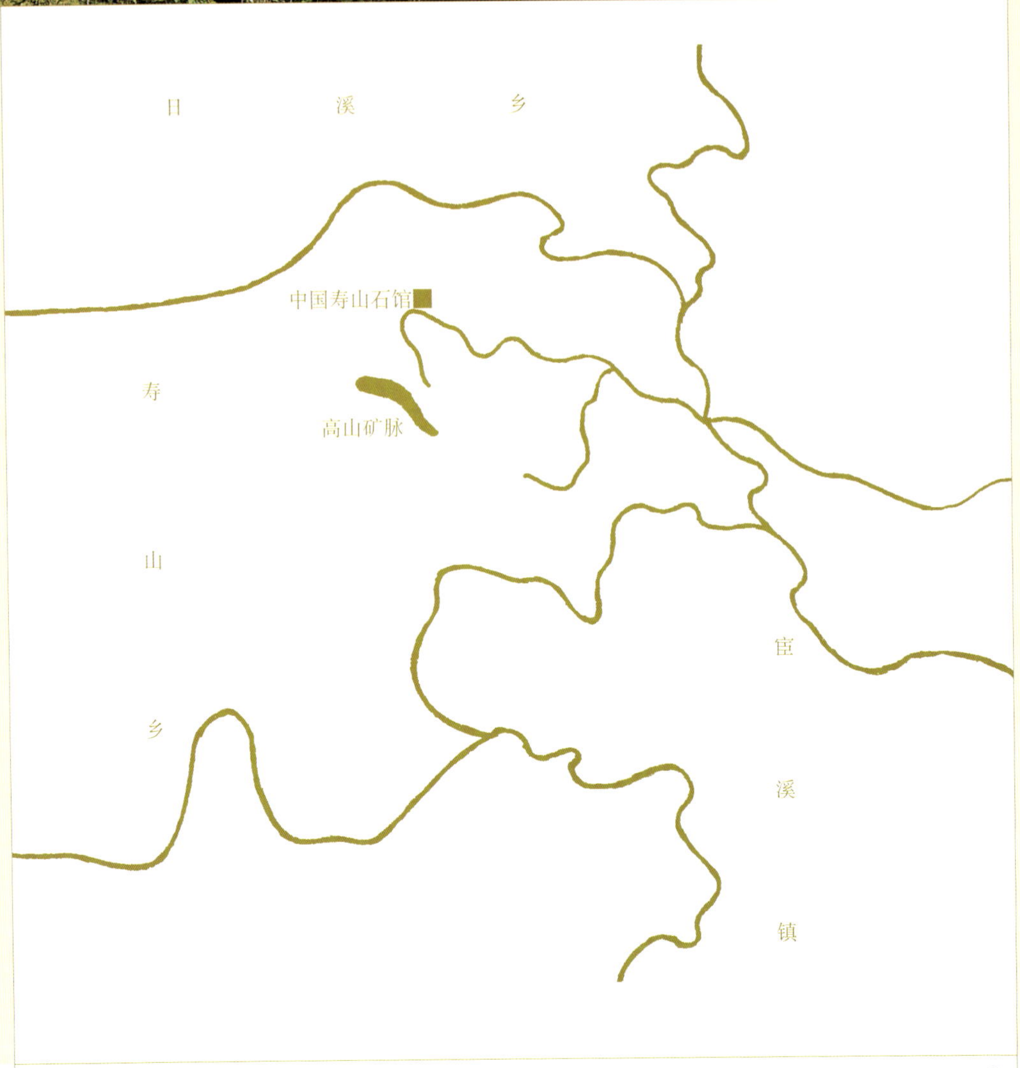

图024—①

图024—① 高山矿脉方位图

图024—② 高山矿脉外景

图025 高山石放大1250倍图像

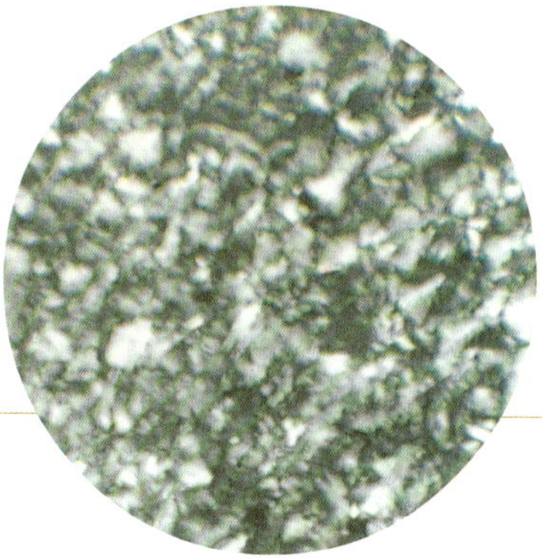

图025

三、山坑石类

山坑石是寿山石品种中的一个大类别，遍布寿山、日溪和宦溪等乡、镇的山峦岩层之中，面积宽广，矿床密布，产状多样，品种繁多。迄今已经探明并开发的矿脉计有高山、都成坑、月尾山、虎岗山、金狮公山、吊笕山、金山、柳坪尖、旗降山、九柴兰山、柳岭、旗山、黄巢山和加良山等14处，均以矿床所蕴藏的山脉主峰命名。

各个矿脉出产的矿石一般都具有自己的特征，而在每一矿脉里，又往往因为矿位、产状、洞别以及矿段的不同，其质地、色泽、纹理也会有所差别。山坑石的品种命名以出产地为主要依据，同时辅以洞别、色彩、质地和矿状等，品目多达百余种。

1.高山矿脉

高山矿脉位于寿山乡寿山村南偏西的高山及其周围山岗。主峰青崭耸拔，顶呈覆盂状，海拔高度为982.8米，是寿山的三大山峰之一。

矿床呈脉状赋存于次生石英斑岩裂隙之中，交错如藤，储量甚丰。据初步勘探，由峰顶分四条支脉分别以东、西、南、北走向，呈45度～85度倾斜屈曲向山麓延伸。矿层厚薄不一，宽者可达数米，窄处仅有几厘米，时有断脉现象。成矿方式属典型的“火山热液充填型”，矿体与围岩的分界明晰，无次第迁移之迹。(图024)

组成矿石的主要矿物成分是地开石，其次为石英、高岭石，含微量氧化铁和绢云母。有地开石、地开石—石英和地开石—高岭石等类型。标本薄片经显微镜检测，显微鳞片变晶结构：地开石结晶细小，呈鳞片状致密集合体。正交偏光间干涉色为一级灰，偶见原岩残留物和微粒磁铁矿。(图025)

该矿脉出产矿石的外观特征：质地细腻，微透明或半透明，硬度适中，色泽艳丽，五彩相映，纹理变幻。该石是寿山石族中最具代表性的品种，也是开发年代最为悠久的矿脉之一。主要石种是高山石，其次尚有白水黄石、小高山石等。

(1)高山石

高山石产自高山主峰，以产地得名。早在两宋时期已行开采，用于雕刻明器、艺品，一千多年来终无间断，产量丰富，名目繁多。清乾隆《福州府志》始将高山列为寿山石主要产地。

高山石质细而微松，莹洁而通灵，硬度适中，柔而易攻，矿石块度巨者可达千斤，是雕刻艺术品的理想材料（图026）。唯石中所含水分略多，遇严夏酷暑或秋冬气燥，表层容易

图026

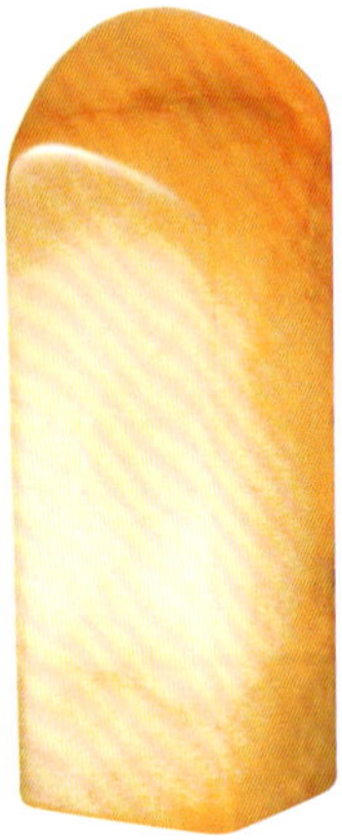

图027

图028

图026
高山石毛料

图027
圆顶方章
旧高山冻石
旧藏品

图028
圆顶方章
象牙白高山石

图029—①
兽钮四方章　瓜瓤红高山石
每方17.5×2.7×3.7（cm）
杨勇作

图029—②
局部肌理图像

干燥甚至出现纤细毕裂纹，若时常摩挲抚玩或以油浸泡，便能稳定石性，永葆光彩，世有“财主石”之别称。高山石把玩日久，油质渗透肌理，益发古色幽光，鉴藏家称之谓“旧高山石”，以别矿洞新产，玩家往往爱其旧藏而鄙新出。(图027)

图029-②

高山石的色彩相当丰富，黄、红、白、紫、黑、灰、赭各色俱备，而每色之中又有浓淡之分。常常会显现出各种奇妙的图像变化，让人目不暇接，爱不择手。

高山石的品目，分别以色相、质地、矿洞以及矿状取名。

①按色相命名的高山石，主要有：

黄高山石　指纯黄色的高山石。其有橘皮黄、枇杷黄、桂花

图029-①

黄、蜜黄、杏黄、土黄、棕黄和赭黄之分；以枇杷黄最为纯正，名贵难得，佳者可与田黄石、都成坑石媲美。古代鉴藏家因色相取秋葵蜜蜡、蜜杨梅等雅号。

白高山石　指纯白色的高山石。有晶玉白、白玉白、油脂白、象牙白（图028）、豆青白、鸡骨白和硋白之分。硋白又称“高山硋”(福州方言，陶磁称作“硋”)，即白而不通灵，似粗质陶磁的意思。毛奇龄《后观石录》称“泥玉——玉之类建窑白磁泥者”，正类此。

红高山石　指纯红色的高山石。鉴藏家喜欢视其色调纹理的近似取种种雅号，如美人红、朱砂红、荔枝红、晚霞红、瓜瓤红(图029)、天蓝瓤、桃花红、玛瑙红、酒糟红等。酒糟红又称“高山糟”，形容色暗红如酒糟。

黑高山石　又名“高山乌”，指纯黑色的高山石。其浓者亮黑如纯漆，淡者映澈似泼

图032

图031

图030

图030　甲虫钮长方章　草竺高山石　4.5×2.6×2.4 (cm)

图031　巧色高山石

图032　圆顶随形章　白花鹰背巧色高山石

图033　随形顶日字章　高山黄水晶冻石

图034　圆顶扁方章　高山鱼脑冻石

图035　兽钮方章　高山鳝草冻石　10.5×2.2×2.2 (cm)

墨，也有略带灰黑色，肌理多含杂砂质；一石之中浓淡交融成趣，犹如一幅水墨画，正如高兆《观石录》所称“小米积墨点苍”。

草苎高山石　指肌理密布状如黄色苎麻纹的高山石。其纹理含细砂质，手感粗糙。(图030)

巧色高山石　指含两种以上颜色的高山石。其或色层截然，或各色融会，往往会构成瑰丽纹饰，如行云流水，似夕阳彩霞，惟妙惟肖。古时称为二合一、三合一。鉴藏家还根据石面出现的不同图案，取种种雅号，如白花鹰背、玉带茄花等。(图031、图032)

②按质地命名的高山石，主要有：

高山冻石　指质地凝腻通灵的高山石。其肌理多隐现棉花絮状细密条纹，凡单一色相

图033

图034

图035

图036—①
夔龙璧活环方章
高山桃花冻石
9.3×2.5×2.5（cm）
黄淑英作

图036—②
局部肌理图像

图037
双龙戏珠钮方章
高山玛瑙冻石
9×2.5×2.5（cm）

图038　高山环冻石

图036—②

图036—①

图037

者，以色取名为黄高山冻石、红高山冻石等。也有因形象近似取名者，如：

高山水晶冻石　透明无玷滓如水晶，古时称“晶玉”。其有白、黄、红三种颜色，以白色最常见。(图033)

高山鱼脑冻石　白水晶冻中之精髓，纯洁明净可爱，肌理含细纹，酷似煮熟的鱼脑，故名。(图034)

高山鳝草冻石　又称“仙草冻”。于灰黄色半透明肌理中，密布暗色细条纹，状如水草故名。或云：“即‘牛角冻’之有黄色者。”(图035)

高山牛角冻石　色黑微透明，肌理含纹理近似牛角，因此得名。色稍淡者略带赭色，酷似犀角，又称“犀角冻石”。

高山天蓝冻石　色灰蓝，纯洁微透明或半透明，间有棉花状色晕，明净如青天，因而得名。

高山桃花冻石　质地通灵如水晶冻石，肌理含细密红点，聚散有致，犹如水中桃花片片，娇艳无比。(图036)

高山玛瑙冻石　质明澈通灵，有白、黄、红等色，含杂色块光彩夺目，状如玛瑙，故

名。(图037)

高山环冻石 凡各种冻石中含水泡状圆圈者，别其名曰“环冻”。其或疏或密，多见于水晶、牛角等冻石中。(图038)

以上冻石名称，多借用水坑冻石之名，两者外观特征亦相若，唯质地较为松软，稍欠晶莹。另有几种冻石品目别具特色，如：

高山虾背青冻石 色灰黑如淡墨，质微透明，隐细密纹理，逼肖青虾之脊背故名。毛奇龄《后观石录》称其“淡墨如虾背，空明映澈。时有浓淡如米家山水”。(图039)

高山砚水冻石 又称“乌地高山冻”。在淡灰色的肌理中含墨色斑块，如洗砚之水，故名。毛奇龄《后观石录》形容其“砚池水微黑而冻，似之”。(图040)

图038

高山朱砂冻石　质洁净通灵，肌理密集朱砂红色斑点，如同朱砂粉末散落石中，深浅流漫。(图041、图042)

高山冻石的种种特征，寿山其他坑洞冻石亦有相类者，鉴藏家乃借用其名。

高山晶石　指质地晶莹纯洁无瑕的高山石矿块，其透明度较高山冻石更胜。常见者为白色结晶体，肌理偶含筋络及细砂，近似冰糖块，郭柏苍《葭跗草堂集》称“(高山石)纯白而晶莹为‘高山晶’。”(图043)

③按矿洞命名的高山石，主要有：

和尚洞高山石　矿洞位在高山峰顶，相传为明代僧侣所开凿，后人称其谓“和尚洞”。该洞所产石质地坚实，微透明，色以土红、灰红为多见。该洞早已绝产，传世石

图039—①

图039—②

图039—①
龙钮椭圆章
高山虾背青冻石
4.5×4.6×3 (cm)
陈可平作

图039—②
局部肌理图像

图040—①
高山砚水冻石

图040—②
局部肌理图像

图040—①

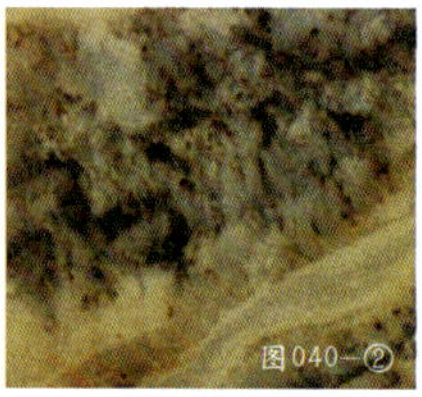

图040—②

图041—②

图041—①
随形顶日字章
高山朱砂冻石

图041—②
局部肌理图像

图042
三阳开泰钮对章
高山朱砂冻石
每方7.3×2×2（cm）
冯耕顺作

图043
高山晶石

图041—①

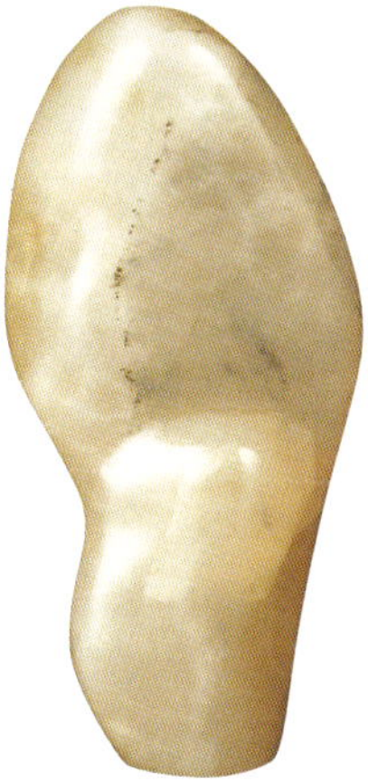
图043

图042

图044

品皆百年旧藏。

大洞高山石　又称“古洞高山石”。矿洞位在“和尚洞”下方，亦为古代寺僧所开凿，洞深且广，故取“大洞”为名。该洞所产石质较为坚实，有白、黄等色，或各色交错，偶含透明结晶体，简称“大洞晶”或“大洞冻”。清初洞陷产竭，其佳品备受藏家追捧。

玛瑙洞高山石　矿洞位在“大洞”下方，开凿于明代。因所产石质纹理似玛瑙，故取作洞名。其质地通明，色彩丰富，旧时山坑优质玛瑙冻石多出于此，新产品质逊于前代。(图044)

油白洞高山石　矿洞位在“和尚洞”旁，系“民国”初年陈元和开凿的大洞支洞。该洞所产石质润色白类似油脂，故名。20世纪80年代黄土俤复行采凿，产量颇丰，未久洞陷停采。近年又有王克华等人于洞口下方重新凿洞探脉，亦有所获。

油白洞高山石的质地涩而松软，需长期浸泡于油液中，始会渐变明净。鉴藏家将此类石性的高山石统称为“油白性高山石”。(图045)

大健洞高山石　矿洞位在“和尚洞”旁，分数个支洞。因该洞系由清代黄大健首先开凿，故取作洞名。“民国”间山崩洞塌，不复产石。其石质近似“和尚洞”所出，唯多杂砂格，容易开裂，稍逊纯洁。

世元洞高山石　又称“仙源洞高山石”。矿洞位在“大健洞”左侧，清光绪年间由张世元开发，故取作洞名。该洞产石质稍坚实，色彩鲜艳，以红、白二色最常见。现洞已塌陷，不再产石。

水洞高山石　矿洞位在“世元洞”下方，因洞底时有地下水渗入，采石通常需要泡在水中进行，故取名“水洞”。该洞所产石质通灵，肌理隐现细纹，以出产优质冻石而称著；色多纯白或带微黄，旧称笋玉、象玉。亦有黄、红各色，颇近水坑晶冻。(图046、图047)

图044
双狮戏绣球钮方章
巧色玛瑙洞高山石
10.5×2.6×2.6（cm）
阮章霖作

图045
太白醉酒
油白洞高山石
7.5×12.7×4.6（cm）
郭茂康作

图045

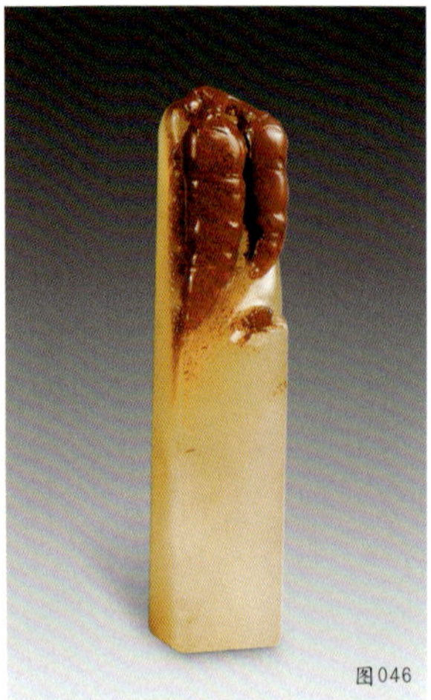

图046

图049

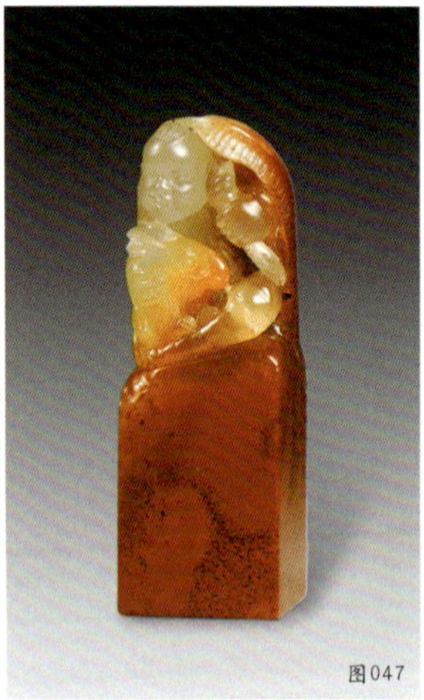

图047

图051

图048

图052

图046
双椒钮方章
巧色水洞高山冻石
9.2×1.8×1.8（cm）

图047
戏兔童钮方章
水洞高山朱砂冻石
7×2.4×2.4（cm）

图048
薄意日字章
嫩嫩洞高山冻石
4×2×1.2（cm）
林清卿作

图049
三狮钮对章
嫩嫩洞高山水晶冻石
每方 8.3×1.8×1.8（cm）
旧藏品

图051
圆顶方章
新洞高山巧色冻石

图052
薄意百年好合对章
新洞高山巧色冻石

图050
瞪牛望月
四股四高山巧色冻石
4.5×8×2.5（cm）
冯志登作

嫩嫩洞高山石　又称“民国二高山石”。矿洞位在“水洞”左上方，开发于晚清，以凿洞人命名。此洞于“民国”二年（1913）间曾出产一批珍品，色多洁白或黄、红，质纯净通灵，肌理隐现萝卜细纹，可与坑头水晶冻石媲美，鉴藏家称其谓“民国二高山石”，乃嫩嫩洞之精华。后期开采，少见佳石，亦无特色。（图048、图049）

四股四高山石　矿洞位在“嫩嫩洞”侧，系“民国”初年由四户石农合股开发，故取名“四股四”。该洞所产石质较各洞略为坚硬，微透明或半透明，有红、黄、灰、白各色，常见多色夹层交错。无论石质与色泽都与都成坑石极相类似，殊难辨认。（图050）

新洞高山石　又称“中央洞高山石”。其前身是始于20世纪60年代人民公社集体经营的矿洞，1973年由轻工业部投资成立“北峰寿山石矿”进行大规模开采。主洞自峰巅“和尚洞”旁垂直深入，贯穿各洞。又从山腰辟一横洞与其相接，寻得主脉，产量丰富，年产高达数十万吨，曾是寿山石的主要品种之一。其石质细嫩，各色俱备，时有通灵结晶状矿块，材巨者可达数百公斤。至80年代后渐不产石。（图051、图052）

荔枝洞高山石　又称“荔枝树高山石”“荔枝嘴高山石”。矿洞位在高山东北坡，接近“太极头”处。1987年由潘家祥等石农开发，因洞口旁有一棵野荔枝树，且出产石色白者嫩如荔枝果之肉，村民相信风水之说，故而得名。

荔枝洞高山石是20世纪后期寿山石的最佳品种之一，石质灵澈细润，肌理隐现萝卜细纹，有白、黄、红各色，鲜丽娇艳，分外令人赏心悦目，备受藏家追捧，竞相购藏。可惜不及数载，珍品不复再出，后期开采之石称“新性荔枝洞石”，其质与色皆远逊当年。

凡“荔枝洞高山石”中，质地凝腻纯净的矿块，均可称作“荔枝冻石”。又以色分，如黄荔枝冻石、白荔枝冻石或巧色荔枝冻石等。（图053、图054）

太极头高山石　矿洞位在高山峰北坡，因洞口排布形如太极图像，故名。质因出产石年代不同而显差异，以20世纪30年代品质最佳，晶莹坚洁，斑斓多彩，称作“老性太极头

图053
荔枝洞高山冻石毛料

图054
卧象钮扁方章　黄荔枝冻石
6.4×3.6×1.6（cm）
冯志杰作

图055
薄意夕阳吟方章　巧色太极头冻石
11×2.3×2.3（cm）
丁梅卿作

图056
圆顶方章
巧色鸡母窝高山石

图054

图053

石”，甚为珍贵。近年黄日铣等石农开辟多个矿洞，石质略逊旧产，鉴藏家称其“新性太极头石”，以示区别。

凡“太极头高山石”中，质地凝腻纯净的矿块，均可称作“太极冻石”。又以色分，如黄太极冻石、白太极冻石或巧色太极冻石等。(图055)

鸡母窝高山石 矿洞位在高山峰北麓，东临坑头，北对寺坪，因地势低凹如鸡窝取名。该洞开发于20世纪80年代后期，是当代寿山石名品之一。所产石致密通灵，色彩丰富，各色相间，掩映成辉，肌理含纤细针芒状细纹。由于矿位与坑头相邻，故石质与“水坑”有诸多近似之处，两者容易相混。(图056)

高山石矿自古至今，矿洞之数逾百，以上仅列举自成特色并为收藏界所认同取为品名

图055

图056

图057
伏虎罗汉
掘性高山石
3.5×5×2.8（cm）
姜海清作

者，余不赘述。

④高山石除从矿洞中开采之外，尚有部分呈团块状零散埋藏于山野砂砾、黏土层中，靠挖掘而得，取名“掘性高山石”，以别洞产。

掘性高山石　是指挖掘于高山峰的“块状独石”，清初已有出产。其石质洁腻温粹，肌理萝卜纹显露，石形呈块状光滑无棱角，外表裹黄色薄皮，里层色渐淡；以白色为常见，亦有黄、红等色；外观特征与“田石”接近，但山地泥砂干燥，石表受浸润酸化程度终无法与水田地相比，故品质逊之。(图057)

古时，凡高山所掘独石统称“掘性高山石”。自20世纪80年代后，在高山西坡陆续挖掘到一批“独石”，独具特色，取名鲎箕石和鲎箕花坑石。

鲎箕石　产于高山峰西坡通往芹石村的鲎箕狭谷田土中，1986年潘姓农民首先挖得，遂以产地命名。

鲎箕石块度大小不一，石质亦粗细悬殊。其佳者质地通灵，纹理细密，色泽纯黄，皮层明晰。因貌似田坑所出，故又俗称“鲎箕田”。(图058)

鲎箕花坑石　产于高山峰西坡田野中，或与鲎箕石共生，但两者质色相去甚远。坚细微透明，佳者近似高山牛角冻石，肌理含酱红色斑块，色彩奇特，纹理别致。其中红色密布的矿块，雅称“大红袍”。(图059)

(2)白水黄石

白水黄石产自高山峰东南面的一个小山岗。其质硬不透明，毕痕绵密，具黑皮，肌理现层

图058
双象钮长方章
掘性鲎箕石
3.8×2.7×1.7（cm）
姜宗棋作

纹；以黄、白两色最常见，间杂斑点；石浸水中渐变细润，旧藏佳品浑朴可玩，唯绝产已久。

白水黄石的品目，分别以色相和质地取名，主要有：

水黄石　色纯黄，淡如桂花，浓近桐油，清雅细润。20世纪30年代所产质颇佳。(图060)

水白石　色纯白，略带微黄、淡绿，质细微透明。纯者迫肖芙蓉石。

干黄石　色黝暗如桐油，质燥易裂，即水黄石中之粗硬者，20世纪初出产颇多。

(3)小高山石

小高山石产自高山峰东侧山岗，石以山名。又因石面常含泪痕状的纹理，故有“啼嘛洞”别称（福州方言“啼嘛”是啼哭的意思）。

小高山石质地与高山石相仿佛，唯珍品难觅，多质粗混杂各色。民国期间偶有质纯色洁的冻石矿块流传于世，后不复再出。(图061)

图059

图059
浮雕中国红方章
牛角地鲎箕花坑石
9.5×5×5 (cm)
石强作

图060
浮雕夔凤纹扁方章
黑皮水黄石
5×3×1.2 (cm)

图061
龙鱼钮扁方章
小高山冻石
6×3.5×1.2 (cm)

图060

图061

图062-①

图062-②

图062—① 都成坑矿脉方位图

图062—② 都成坑矿脉外景

图063 都成坑石放大1250倍图像

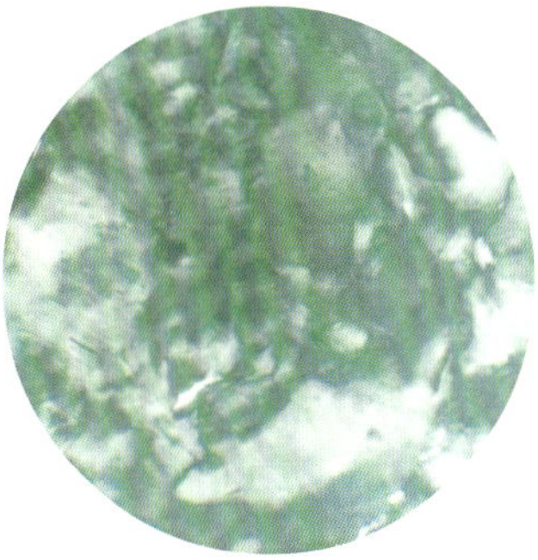

图063

2.都成坑矿脉

都成坑矿脉位于寿山乡寿山村南偏东的都成坑山及其附近山冈。西南面连接坑头尖、高山等峰，北面临寿山溪，与月尾山、虎岗山隔岸对峙。

矿床呈脉状、透镜状，沿岩石裂隙沉淀晶化成矿。矿层稀薄，围岩坚顽，开采困难，产量甚微，欲求大块度石材更为不易。在山坳土层中埋藏少量块状独石，品质优良。（图062）

组成矿石的主要矿物成分是地开石。标本薄片经显微镜检侧，显微鳞片变晶结构：地开石可分两期——早期结晶程度略差，呈隐晶状；晚期结晶程度较高，并伴生微量氧化铁及白云母，少许微粒磁铁矿散布其中。(图063)

该矿脉出产矿石的外观特征：质地致密坚细，纹理清晰，温纯通灵。在明代已行开发，初时藏家常与高山石相混。至17世纪中叶，采凿日盛，遂著名于世。主要石种有都成坑石、尼姑楼石、迷翠寮石、马背石、蛇瓠石、方田仔花坑石及鹿目格石、芦阴石等。

(1)都成坑石

都成坑石又称“杜陵坑石”，或作“都灵”、“都丞”，均为福州方言谐音。其产自都成坑山。

都成坑石质坚细通灵，温纯深润，多为微透明或半透明体，偶有结晶状团块夹藏于矿体之中，称为“都成晶石”。色具五彩，斑斓明艳，以黄、红、白三种最为普遍，其中纯黄而温润者，可匹田黄石。此外尚有灰、紫或青各色。

都成坑石以石性稳定、色彩绚丽、光彩夺目、妩媚温柔为特色，非他山之石所可比拟，故名列山坑之首。清道光年间开采量巨且质佳，声名远播。20世纪30年代，所出“琪源洞”珍品，尤为名贵，其身价不在田石之下。

都成坑石的品目，分别以色相、矿洞和矿状取名。

图064
圆顶方章
黄都成坑石
11.2×2.2×2.2（cm）

图065
圆顶方章
白都成坑石
14×2.1×2.1（cm）

图066
圆顶对章
朱砂冻都成坑石

图064

①按色相命名的都成坑石，主要有：

黄都成坑石　指纯黄色的都成坑石。有黄金黄、桂花黄、熟栗黄、枇杷黄和洋参黄之分，其以黄金黄品最高。(图064)

红都成坑石　指纯红色的都成坑石。有橘皮红、朱砂红、桃花红和瓜瓤红之分，其以色浓艳如橘皮者最罕见，古有“炼蜜丹枣”之雅称。

白都成坑石　指纯白色的都成坑石。其色多白中略带微灰或淡黄，有时呈葱白、反青蓝色调；肌理偶含不透明乳白色块及条状纹理。(图065)

朱砂冻都成坑石　指都成坑石中，质地洁白而透明呈结晶状，肌理密布朱砂红色点的矿块，其以色艳而斑点均匀为上品。(图066)

巧色都成坑石　指含两种以上颜色的都成坑石。若五色俱备者，

又称“五彩都成坑石”，甚珍贵。藏家以色相纹理取五星聚魁、五福呈祥……种种雅号。(图067)

②按矿洞命名的都成坑石，主要有：

琪源洞都成坑石　又称“锦元洞都成坑石”。矿洞位在都成坑山腰，相传旧洞为张世元开发，至20世纪30年代矿洞易主，由黄琪源重新探凿，产石质地甚佳，遂名著于世，故取作洞名。自1944年黄琪源去世后不久，洞陷不复再出，故流于世上珍品寥若晨星。

琪源洞都成坑石质晶莹温润，纯洁少砂，远胜他洞所产，堪称都成坑之极品。其色多黄、红，肌理萝卜纹细密清晰，似“田黄冻石”，而佳者更比田石难觅。(图068)

坤银洞都成坑石　矿洞位在“琪源洞”上方，为张坤银所开发，故名。其石质微坚，

图065

图066

图067
五螭穿璧钮长方章　巧色都成坑石
7×2.8×1.7 (cm)
黄淑英作

图068
白菜葡萄钮方章　琪源洞巧色都成坑石
6.7×1.6×1.6 (cm)
王雷庭作

图069
兽钮方章　坤银洞都成坑石
7.8×1.8×1.8 (cm)

图067

图068

图069

有黄、红、白、灰诸色，肌理多含条状纹，纯洁度逊于“琪源洞”所产；时见透明若玻璃状结晶体中，含灰白色流纹痕迹，俗称“鼻涕”。该洞荒废多时，久无出石。(图069)

元和洞都成坑石　矿洞位在“坤银洞”旁，为“民国”初年陈元和所开发，故名。其石质脆硬，微透明，色多红、黄相间，含白色浑点，似捣碎的花生米。其中部分矿块通明如玛瑙，甚佳美。矿洞塌陷已久，仅留洞口于草丛中。

上述诸矿洞均为20世纪前期著名品种，后期开采的都成坑石，一般不以洞别分品目。

③在都坑石中，尚有粘岩都成坑石和掘性都成坑石两个品目，前者因矿石部位异，后者以矿状特征别：

粘岩都成坑石　指紧贴于坚硬围岩部位的都成坑石。质地晶莹但石层极薄，且与硬砂穿插而生，难以分离单独成材，故取名“粘岩”。这种石集晶石与砂岩于一体，两者形成强烈对比而相映成趣，颇具奇观。

图070－①
圆顶椭圆章
掘性都成坑石

图070－②
局部肌理图像

图071
圆顶随形章
玛瑙红尼姑楼石

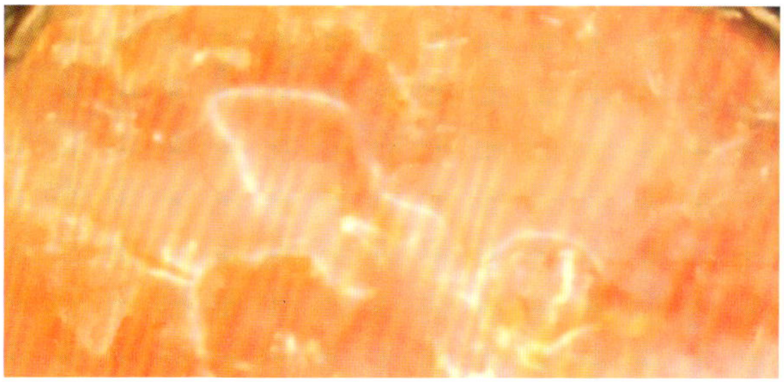
图070－②

掘性都成坑石　是指挖掘于都成坑山坡砂土中的块状独石。其品质远胜矿洞所采，肌里分外温纯；色多桂花黄、枇杷黄或橘皮红，亦具萝卜纹、石皮及红筋等特征，极似田石；但纹理纤细而弯曲，异于田石之绵密均匀，表里石色的变化也不及田坑明显。(图070)

(2)尼姑楼石

尼姑楼石又称“来洁寮石”，产自都成坑旁的山坡。相传附近古时有一座尼姑庵，故取作石名。

尼姑楼石质近似都成坑石，唯坚脆稍欠通灵，肌理少见萝卜纹；有黄、红、白、灰各色，间杂白色不透明细点，状如捣碎的花生米，俗称“花生糕”；有红色如玛瑙者，质颇佳，但难得结成晶、冻。20世纪30年代后期曾出产一批精品，质特明净，块度较细。该矿洞停产已久，如今洞口被杂草所掩没，无从寻见。(图071)

(3)迷翠寮石

迷翠寮石又称“美醉寮石”，产自都成坑山顶，相传古代曾有高士在此筑寮而居，额书“迷翠寮”，因此得名。

迷翠寮石质近似都成坑石，细腻致密，多为半透明或微透明，略欠莹澈；以色黄如蜜蜡者为上品，其他尚有粉红、灰白等色；肌理常含灰白色花生糕浑点及金属矿细粒，在灯下闪闪发光，俗称“金砂地”。该矿洞早已荒废，现辟为茶园，流于世者甚少。(图072)

图070－①

图071

图072

(4)马背石

马背石产自都成坑山西侧的一个山冈，因山形如马的项背，故名。

马背石是20世纪90年代新开发的寿山石品种。其质坚微透明，富有光泽；各色俱备，以黄、红最常见，或呈两色夹层，黄如蜜蜡，红似丹砂，温嫩可爱。（图073）

(5)蛇瓠石

蛇瓠石产自都成坑山南面的一座小山丘，因地形如瓠瓜，相传古时有毒蛇出没，故名。

蛇瓠石多呈纺缍形块状夹杂于蜡化砂砾土层中，俗称“窝泡”。其石质细润，松软不甚通灵；色多淡灰，夹杂红、黄等色，纹理清晰，外表挂黄皮，肌里偶含“金砂地”闪烁有光。有名“红蛇瓠”者，色如橘皮，质地莹澈，堪称珍品。20世纪30年代曾出一批，块度巨者可达数十公斤。近年偶有所获，唯品质不及昔日所出。(图074)

(6)方田仔花坑石

方田仔花坑石产自都成坑山东面的方田仔山坡，小溪绕其麓，与迴龙岗相对而立。其石质稍坚，由绿、白、黄、红、紫等多种颜色交集组合形成各种美丽的条状花纹；质地与他山所出花坑石显然差异，故以产地取名为“方田仔花坑石”以示区别。

方田仔花坑石是20世纪80年代新开发的寿山石品种，初由张宗碗采掘流于石市，颇得鉴藏家青睐。近年产竭，

图073

图072
七星熊佩饰　巧色迷翠寮石
3.8×6.5×4.3（cm）

图073
双童洗象钮方章　巧色马背石
9×2.6×2.6（cm）
郭茂康作

图074
伏虎罗汉　蛇鲎石
4.5×9.5×4.3（cm）
林炳生作

图074

身价倍增。

该处出产矿块中，有部分质地细嫩、纹理呈透明结晶状夹杂其间，别其名曰“方田仔花坑冻石”。

方田仔花坑冻石　指方田仔出产花坑石中纹理通灵艳丽的矿块。其各色相映，斑斓夺目；若石面图案富有诗情画意者，更为稀罕难得。(图075)

(7)鹿目格石

鹿目格石产自都成坑西面山坳砂土中，与尼姑楼坑洞相去不远，以产地命名。

鹿目格石多为零散块状独石，靠挖掘而得，产量较微，块度亦细。其质地致密富有光泽，形如卵石，圆滑脂润；外表包裹淡黄或乳白色皮层，里层则为黄、红或暗赭色，质欠通

图075—①
圆顶长方章
方田仔花坑冻石

图075—②
局部肌理图像

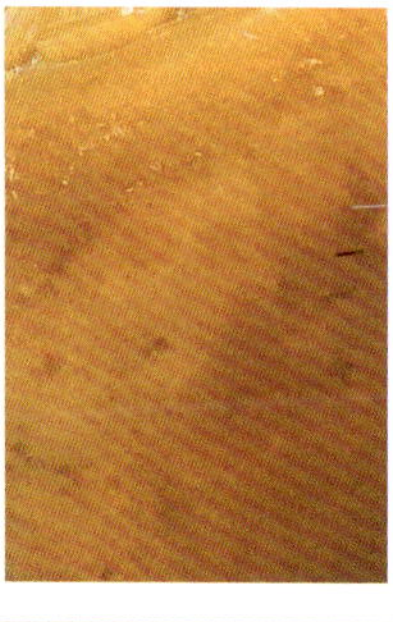

图077—①
睡罗汉　芦阴石
5.6×4.3×3 (cm)
林金祥作

图077—②
局部肌理图像

图076
童子拜观音
鹿目格石
6.9×3.5×2.5（cm）
姜海清作

灵，多含砂丁；佳者色黄质纯，名为“鹿目黄石”，近似田黄石，但肌理不具萝卜纹，俗有“鹿目田”之称。（图076）

在鹿目格石中有一种石面含有类似鸽子眼状细点的矿块，古称“鸽眼砂”，别具情趣，为鹿目格之上品。古时鹿目格皆以出产独石称著，数年前曾在附近辟洞采石，所获无多，质亦粗硬 ，故不传。

(8)芦荫石

芦阴石又称“芦音石”，产自都成坑山南面，靠近鹿目格处的小溪涧芦苇之阴，因而得名。

芦阴石呈块状零散埋藏于泥土中。其质地温润明澈，多为赭黄色，肌里含黑色细点，表层裹黄色皮或乌鸦皮，佳者亦见萝卜纹及红筋，酷似掘性都成坑石或田黄石，俗有“芦阴田”之称。此外尚有暗红、灰白等色，或红、黄相间，质略粗。(图077)

图079

图078—① 月尾山矿脉方位图

图078—② 月尾山矿脉外景

图079 月尾石放大315倍图像

图078—②

3.月尾山矿脉

月尾山矿脉位于寿山乡寿山村东南面的月尾山一带山峦。南麓寿山溪水绕足而过，西北面毗邻虎岗山。

矿床呈脉状赋存于石英斑岩中，成矿方式与都成坑矿脉大致相同，地理位置亦相邻近，旧时书志称其谓“都成坑余脉”。但矿体较小，产量亦微，品质略逊。(图078)

组成矿石的主要矿物成分是地开石，含微量绢云母及微粒氧化铁。标本薄片经显微镜检测，显微鳞片变晶结构：地开石呈细小鳞片状集合体，正交偏光间干涉色为一级灰，偶见显微细脉，结晶稍粗。在部分地开石细脉中伴有细鳞片状绢云母，渗染氧化铁现象明显，或呈

图078—①

图080

斑点状分布其间。(图079)

该矿脉出产矿石的外观特征：质地细嫩，多为微透明或半透明体，有绿、紫、红、黄、白诸色。主要石种有月尾石、善伯洞石、仙伯岐石和迴龙岗石等。

(1)月尾石

月尾石又称“牛尾石”，产自月尾山主峰，以产地名。矿洞开发具体年代无从查考，有关文字记载最早见于清乾隆年间郑杰所著《闽中录 · 寿山石谱》，可知至少已具数百年的采石历史。

月尾石质细嫩，富有光泽，有不透明和微透明两种。色以紫、绿两色最普遍，另有赭黄、灰白，或两色相间，肌理隐白色点。20世纪初期出产量多且质佳。现有矿洞数个，均产石。

月尾石的品目，分别以色相和质地取名。

①按色相命名的月尾石，主要有：

月尾紫石　指纯紫色的月尾石。其以色青紫、质光润者为上品；最常见的是一种色浓紫稍带深红，不透明犹如新鲜的猪肝，称作“猪肝紫”。20世纪初曾大量出产。(图080、图081)

月尾绿石　指纯绿色的月尾石。其色明翠如玉者佳。正像下二济《寿山石记》所形容那样，给人以“蕉叶方肥，皤皤日下”的美感。据文献记载，20世纪20年代“石出特夥，有四面平至六七两者，皆鲜洁可喜”。近年也时有珍品出产。(图082)

月尾艾叶绿石　简称“艾绿”，指月尾石中色苍翠似老艾之叶的矿块。其产量极微，以奇特稀有而见珍。(图083)

在月尾艾叶绿石之中，又有因色与质的不同而得名者，如：

图080
小和尚　月尾紫石
5.5×5×4.5（cm）
朱勇作

图081
双猫戏球钮方章　巧色月尾紫石

图082
三牛钮方章　月尾绿石
11×4×4（cm）
冯志登作

图083
月尾艾叶绿石

图081

图082

图083

图085

图084
牛钮方章
巧色月尾冻石
8.8×2×2（cm）

图085
善伯洞石毛料

图086
随形顶扁方章
白皮黄善伯洞石

月尾艾绿背石　色淡绿，如艾叶之背，质微坚，含白色斑纹，颇为稀罕。

月尾艾绿冻石　指质地温润凝腻的月尾艾叶绿石矿块，堪称石中极品。

月尾艾绿晶石　指质地晶莹通灵的月尾艾叶绿石矿块，不可多得，大者尤难。

②按质地命名的月尾石，主要有：

月尾冻石　指质地温润而凝腻的月尾石。此类石材新开采之时，细嫩明洁，青翠可爱，但历久易变黝暗，渐失风韵，故不宜长期浸油。(图084)

月尾晶石　指质地纯净而晶莹的月尾石。其罕见难得，且块度细小，常有绵砂杂质侵入肌理，难于成材。

(2)善伯洞石

善伯洞石又称“仙八洞石”或“仙柏洞石”。其产自月尾山西南面的小山冈。据传清咸丰、同治年间石农善伯在采石时因崩塌葬身洞中，后人遂将矿洞取名为“善伯”。

最早记载“善伯洞”的文献系陈子奋《寿山印石小志》：“比年以来，寿山之佳石殆罄，遂稍稍有问津者，因名其石曰‘善伯洞’。”可知重采时间大约在30年代中期。

善伯洞石质稍坚，微透明或半透明，莹澈脂润，佳者肌理含“金砂地”闪烁发光，黄、红、白、灰、

图086

图084

图087
薄意柳阴浴牛方章
桃花红善伯洞石
7.3×2.3×2.3（cm）

图088
仿汉画像砖方章
灰善伯洞石
10×2.8×2.8（cm）
丁梅卿作

图089
薄意神童招福方章
善伯冻石
8.2×2.6×2.6（cm）

图087

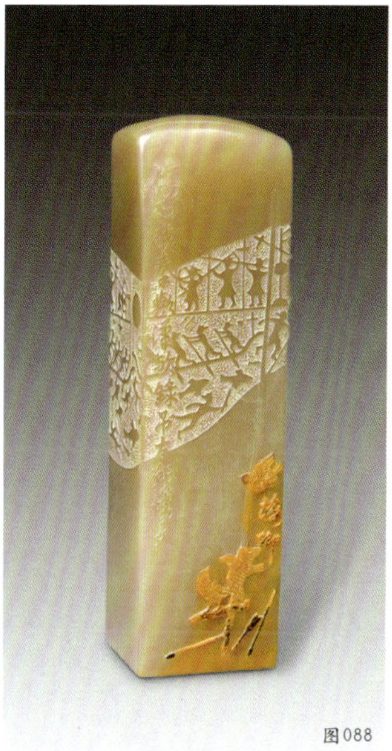
图088

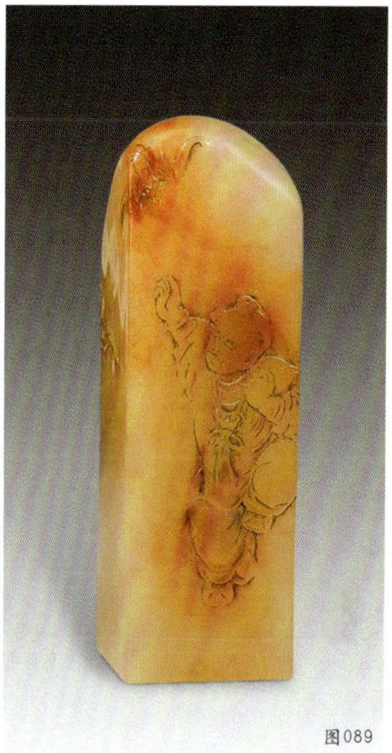
图089

紫诸色俱有。据陈子奋《寿山印石小志》记载："色极多，红如桃色，黄如蜜腊，灰如秋梨，白如水晶，赤如鸡冠，紫如茄皮，种种俱备。"时见各种俏色互相辉映，堪称丰富。虽砂丁错杂，内隐粉白斑块，亦非下品。(图085)

善伯洞石的品目，分别以色相、质地和开采年代取名。

①按色相命名的善伯洞石，主要有：

黄善伯洞石　指纯黄色的善伯洞石。其如蜜蜡细嫩可爱。(图086)

红善伯洞石　指纯红色的善伯洞石。其浓者似丹枣，淡者如肉脂，艳丽夺目。(图087)

白善伯洞石　指纯白色的善伯洞石。其洁净者如胡粉，或略带黄意，肌理隐粉块。

图090
憩
巧色善伯冻石
林发述作

图092
弥勒献宝
巧色善伯尾石
6×4.3×3.8（cm）
林霖作

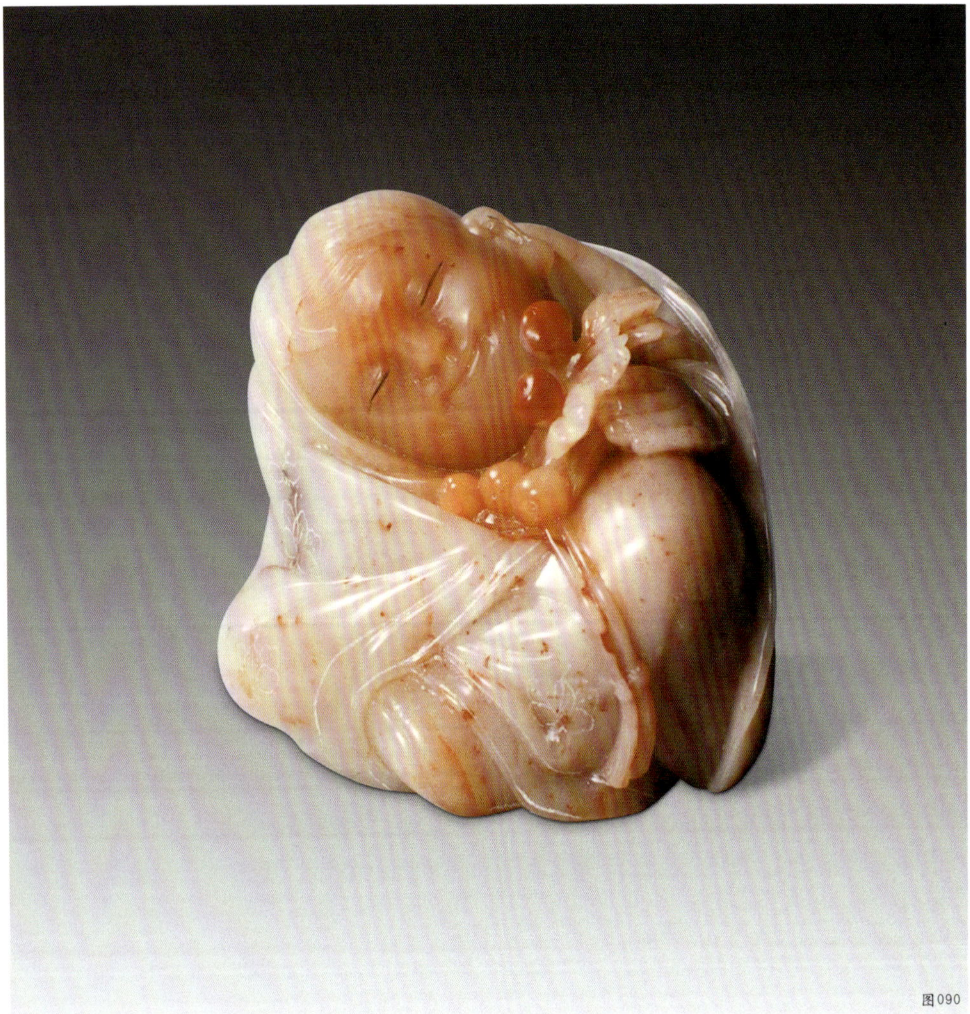

图090

灰善伯洞石 指纯灰色的善伯洞石。其多呈灰黄，间杂红紫细斑。(图088)

紫善伯洞石 指纯紫色的善伯洞石。其或如茄皮，或似猪肝，有白色筋络及砂丁夹杂其间。

巧色善伯洞石 指含两种以上颜色的善伯洞石。其多呈交融状，妙趣天成。

②按质地命名的善伯洞石，主要有：

善伯冻石 指质地温润纯洁的善伯洞石。其肌理隐细纹，属寿山石名贵石品，旧时所出尚多，新产之石则难于觅见。鉴藏家称其可直入“都成坑”之堂奥。(图089、图090)

善伯晶石 指质地晶莹明萃的善伯洞石。其十分稀有，殊难成才。

③善伯洞自开发迄今百余年间，大致经历四个采矿阶段，因时期不同，矿质亦见差异，

图092

图091

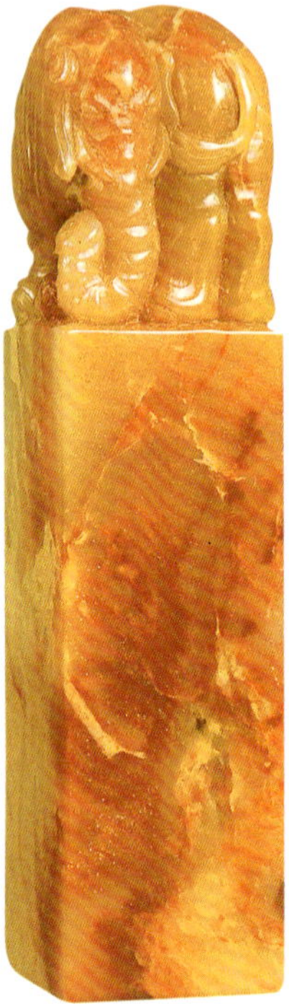

图094

图095

图091
圆顶方章　老性善伯冻石

图093
诗书传家年年有余　巧色善伯尾冻石
5.8×6.8×3.8 (cm)

图094
象钮方章　仙伯岐冻石
9×2.1×2.1 (cm)
王福民作

图095
迴龙岗石

图093

故鉴藏家又分别予以命名，主要有：

古旧善伯石　指传世的古旧善伯洞石。其特征不甚明显，多灰色微透明，含粉白色斑，表层“包浆”明显。

老性善伯石　指20世纪30年代至70年代开采的善伯洞石。其质地灵洁温纯，色泽瑰丽多彩，在半透明的肌理中隐含金砂细点，耀眼成趣。(图091)

新性善伯石　指20世纪后期开采的善伯洞石。其质地略逊旧时所出，色彩单调，稍欠温纯，肌理夹杂浑点，难求纯净。

善伯尾石　又称“月尾仙石”，乃近年新出之品种。由于善伯矿洞不断向纵深延伸，逐渐接近月尾石矿段，故特征出现明显的改变。其质介乎善伯洞石与月尾石之间，绵软欠通灵，色多灰绿或红紫。(图092、图093)

(3)仙伯岐石

仙伯岐石又称“仙八旗石”，产自善伯洞后坡，新、旧矿洞的交叉道口，故名，是近年新开发的品种。其质坚脆，微透明，含格纹；色以红、黄最常见，另有灰白、青紫，或二色夹层相间；其中以枇杷黄和朱砂红两种最佳。(图094)

(4) 迴龙岗石

迴龙岗石又称“迴龙艮石”，产自迴龙岗山中，以产地命名。矿位靠近月尾山，石质亦相似，细腻雅纯，性偏松软，不透明或微透明。色多黄绿或红紫，含紫色斑点及黄色格纹。

迴龙岗石自“民国”初开发以来，开采时断时续，近年则以出产工业用矿石为主。(图095)

图096—① 虎岗山矿脉方位图

图096—② 虎岗山矿脉外景

图096—①

4．虎岗山矿脉

虎岗山矿脉位于寿山乡寿山村的中、外洋交界处。东南连接月尾山，向西起伏渐下至寿山溪畔。

矿床呈脉状或隐晶状赋存于石英斑岩中间。组成矿石的主要矿物成分是叶蜡石和高岭石，有高岭石—叶蜡石、石英—叶蜡石等类型，品质良莠不齐。(图096)

该矿脉出产矿石的外观特征：质地粗硬，多为不透明或微透明，偶有结晶体零星散布。肌理多混杂未完全蜡化的高岭石及火成岩砂粒。历史上曾经断断续续开采，但产量不丰，少见佳品。主要石种有虎岗石、栲栳山石、狮头石和碓下黄石等。

图096—②

(1)虎岗石

虎岗石又称“老虎艮石”“虎头岗石”，产自虎岗山。矿洞开发于20世纪初期，不久脉断停产，此后虽有零星出石，皆不成规模。近年又凿新洞，产量亦微。出产石质微坚实，多不透明，掺杂硬质斑纹，状如虎皮，浮起石面不易磨平；色多呈杏黄或灰青，含红色细点；偶见通灵结晶体，颇名贵。(图097)

虎岗石的品目，分别以色相和质地取名，主要有：

虎岗黄石 又称“老虎黄石”，指纯黄色的虎岗石。其浓者似“碓下黄石”，淡者近“老岭黄石”，质稍嫩，含色点。20世纪中期所出品最佳。

虎岗青石 又称“老虎青石”，指纯青色的虎岗石。其色近灰青，不透明或微透明，

图097

图097
鱼钮夔纹边对章
虎岗石
每方 8.4×1.6×1.6 (cm)
旧藏品

图098
栲栳山花坑石

图099
麒麟钮长方章
掘性碓下石
4.6×2.7×1.8 (cm)

图098

图099

多含赭黄色筋络及砂粒。

虎岗晶石 指虎岗石中通灵纯洁的结晶块。其多青绿色，夹杂于虎岗矿石中，块度较小。

(2)柠檬山石

柠檬山石又称“富老山石”，产自柠檬山岩层中，因山峰形状如一个大柠檬而得名。其石质粗松，含砂质，有黄、红、白、紫各色，多诸色相杂，偶见黝暗斑纹，俗称“鹧鸪斑”，欲求纯洁者难。

柠檬山石中有石面具奇特斑纹者，别其名曰“柠檬山花坑石”，停产已久。

柠檬山花坑石 指多色相间，花斑错杂的柠檬山石。其质坚硬，稍通灵，紫、黄、灰、红、黑各色呈层纹或条痕相间。(图098)

(3)狮头石

狮头石产自狮头岗。其石质与柠檬山石相近，多粗硬不透明，色青灰、赭黄，或多色交错。自20世纪中期开发以来，偶有产石，唯量少质次，现已荒废多时，空留洞穴。

(4)碓下黄石

碓下黄石又称“带夏黄石”“岱下黄石”，产自虎岗山南面靠近寿山溪碓下坂的山坡中，以产地名，矿洞开发于清代后期。

按矿状分，碓下黄石有洞石与独石两种。矿洞所采多裂纹，日久则现紫色痕迹，肌理散布乳白或粉黄色细泡点，俗称“虱卵”。石色以纯黄最为常见，此外尚有少量黑、白等色。

在碓下黄矿洞附近砂土层中埋藏的零星独石，别其名曰“掘性碓下石”。

掘性碓下石 指碓下山坡挖掘的块状独石。其质稍润，优于矿洞所产，微透明，外裹红、白或黑色皮，石纹呈红紫色。(图099)

图100-① 金狮公山矿脉方位图

图100-② 金狮公山矿脉外景

5．金狮公山矿脉

金狮公山矿脉位于寿山乡寿山村东面的金狮公山及其附近山冈，主峰海拔高度875米。北连柳坪尖，南临寿山溪支流，东近吊笕山、鸡角岭，西接里洋农舍田园。

矿床呈脉状或团块状赋存于石英斑岩中，分布零散，矿层稀薄。组成矿石的主要矿物成分是地开石和高岭石。(图100)

该矿脉出产矿石的外观特征：质地多粗硬不透明，其中部分结晶体及块状独石，通灵细腻，色泽浓艳。主要石种有金狮峰石、房栊岩石、鬼洞石和野竹桁石等。

(1)金狮峰石

金狮峰石产自金狮公山主峰，开发于20世纪初。其石质坚硬粗糙，不透明，略欠光泽；色以黄、白最常见，此外尚有红、青等，或各色相间；肌理杂红色块及黑斑，偶见金属细砂。除洞产外，山麓田野亦有零星独石，别其名曰“掘性金狮峰石”。

掘性金狮峰石　指金狮公山土层中挖掘的块状独石。其质纯洁细密，肌理含黑点，外裹薄色皮，有红、黄两色，近似“鹿目格石”。(图101)

(2)房栊岩石

房栊岩石又称“饭洞岩石”，俗呼“粪桶岩”，产自房栊岩山中，因山顶平秃，状如圆桶，故名。开发于“民国”初年。其质粗硬不透明，含瓦砾砂地，肌理常隐紫黑色点及结晶体；色有黄、白、红、灰等。20世纪40年代出产一批质较佳。(图102)

房栊岩石除矿洞出产外，尚有部分块状独石呈纺锤形夹杂于砂土层中，大小不一，俗称“窝泡”，别其名曰“掘性房栊岩石”。

掘性房栊岩石　指房栊岩山土层中挖掘的块状独石。其质明朗润洁，微透明或半透明，色黄、红或带微灰，肌理含条纹及结晶性碎块；近似“田石”“掘性都成坑石”，甚罕见。

图100—②

图100—①

图101　平顶椭圆章　掘性金狮峰石　旧藏品

图102—①　随形顶长方章　房栊岩石

图102—②　局部肌理图像

图103　野竹桁石

图102—②

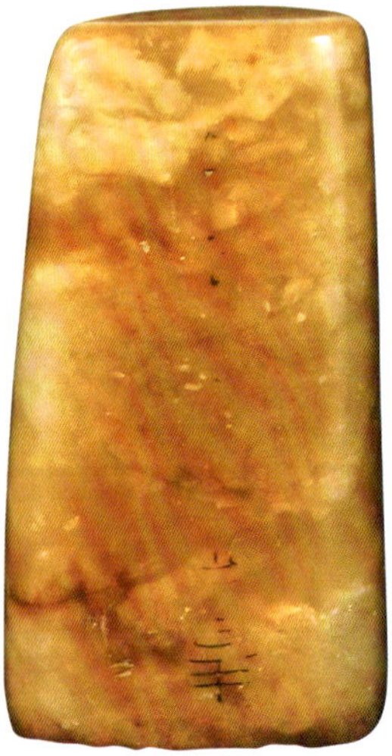
图101

图102—①

(3)鬼洞石

鬼洞石又称“果洞石”，产自金狮公山南面山峦中，以洞名。矿洞开凿于20世纪初。石质粗糙坚硬多砂格，皆不透明；色有黄、白两种，黄者暗赭如“水黄石”，白者灰白如“高山孩石”。

(4)野竹桁石

野竹桁石产自金狮公山西北面山坡，以地名。矿洞开发于“民国”初年。其质粗色杂，以土黄、粉白最常见；偶有纯洁矿块，质稍通灵。有白、黄、灰等色，肌理混杂白渣点。(图103)

图103

图104—②

图104—①

图104-① 吊笕山矿脉方位图

图104-② 吊笕山矿脉外景

6．吊笕山矿脉

吊笕山矿脉位于寿山乡寿山村东面与日溪乡东坪村接壤处的吊笕山一带。

矿床呈不规则脉状或透镜状赋存于次生石英斑岩中。组成矿石的矿物成分以叶蜡石、高岭石为主，含少量绢云母和地开石，有水铝石—叶蜡石、高岭石（地开石）—叶蜡石等类型。(图104)

该矿脉出产矿石的外观特征：质地稍硬，多不透明或微透明，部分半透明。清代始行开发，产量不多。主要石种有吊笕石、鸡角岭石等。

(1)吊笕石

吊笕石又称“豆耿石”“吊肯石”，产自吊笕山后背瓦窑门附近，以山名。清时已行开发，初产之时不为世人所重，至20世纪初渐次著名。百多年来虽时有佳石出产，但因矿洞位处悬崖之巅，采凿困难，产量颇微。

吊笕石质坚硬，性微燥，硬度接近摩氏3°，不易操刀；不透明或微透明，富有光泽；色以纯黑如浓墨者最为常见，含黄、白色皮及筋络；此外，尚有灰白、墨蓝等色块错杂其中；偶见红色环带状纹理，别具情趣。(图105)

在吊笕石中，凡质地凝腻者，别其名曰“吊笕冻石”；又因冻石肌理之斑纹形象近似虎皮，故称“吊笕虎皮冻石”。

吊笕冻石　指吊笕石中通灵凝腻的矿块，多呈苍蓝或赭黑色，肌理隐黑色条痕。

吊笕虎皮冻石　指吊笕冻石中，质微透明，色近褐黄，密布灰白或黑色纹理，状似虎皮之斑者，以其形象特征取名，乃吊笕石中之极品。(图106)

(2)鸡角岭石

鸡角岭石产自鸡角岭，又名“鸡公岭”(福州方言，雄鸡称“鸡角”)。矿洞开发于“民

图105
圆顶方章
吊笕石

图106
平顶方章　“民国”
吊笕虎皮冻石

图107
圆顶长方章（二方）
巧色鸡角岭石

图105

图106

国”初年。其石质稍松，含绵砂，不透明或微透明，偶有通灵者似“高山石”；有黄、红、白、灰、青各色，以粉黄色最为常见，肌理夹杂土红色斑块，偶有细裂纹如禽鸟之爪，俗称“鸡爪纹”。

旧产鸡角岭石品质略粗，20世纪末石农雷林海整理老洞重新采凿，所产石质颇细嫩通灵，巧色呈夹层状交错。(图107)

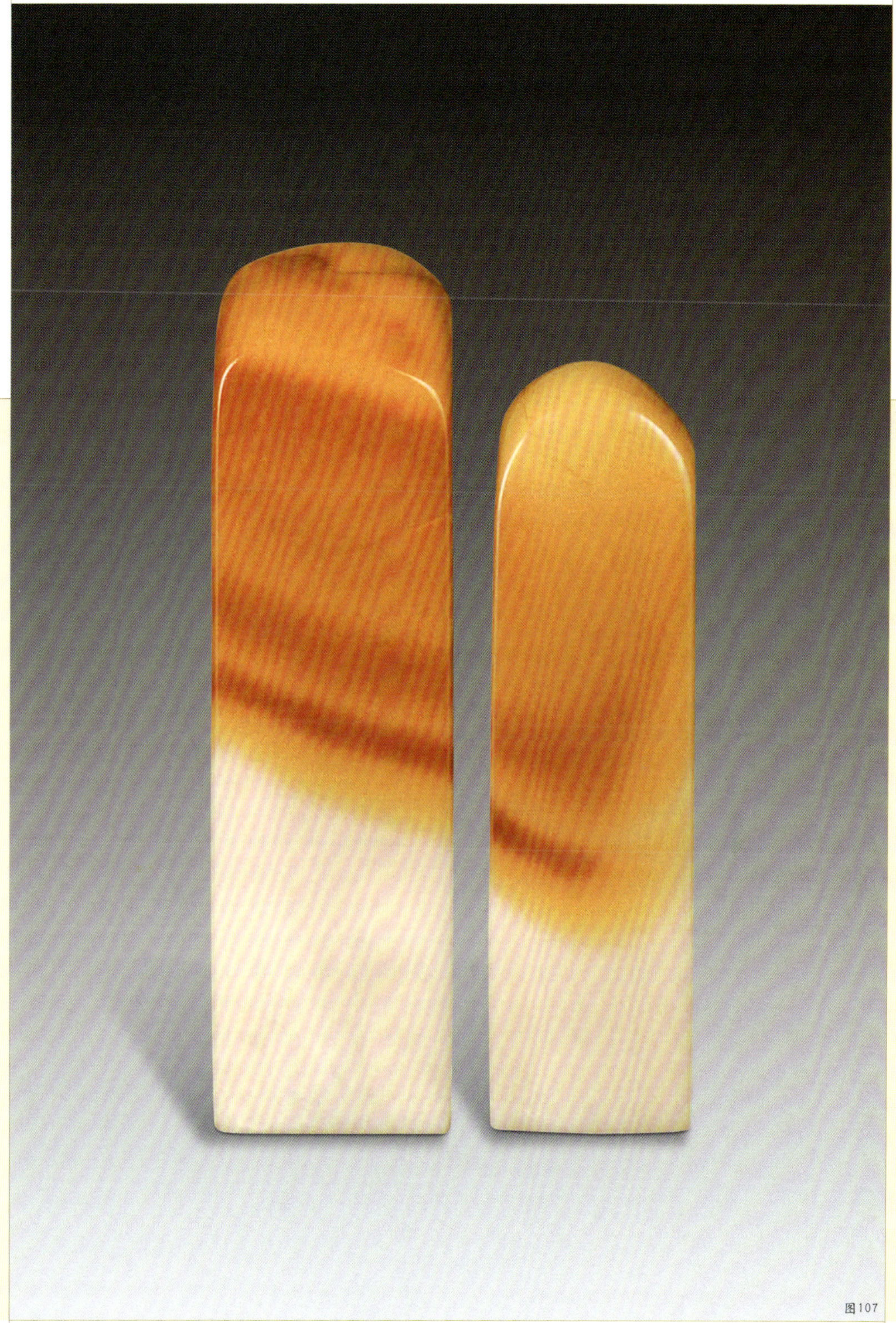

图107

图108—②

图108—①

图108—① 金山矿脉方位图

图108—② 金山矿脉外景

图109 连江黄石放大1250倍图像

图109

7．金山矿脉

金山矿脉位于日溪乡东坪村东南面与连江县交界处的金山顶及其附近山冈，主峰海拔高度714米。南近吊笕山，西临柳坪尖，东北面接壤连江潘渡。(图108)

矿床呈脉状或团块状赋存于次生石英斑岩中。组成矿石的主要矿物成分是叶蜡石。标本薄片经显微镜检测，显微鳞片变晶结构——基本由细小鳞片状叶蜡石集合体组成。无色透明，正突起低，切面呈片状或略微延长条状，正交偏光间近于平行消光，最高干涉色为二级绿。在颗粒接触界线上略具铁染痕迹。(图109)

该矿脉出产矿石的外观特征：质稍脆硬，微透明，富有光泽，色多黄、白，其中块状独石颇具特色。矿洞开发于清代中叶，主要石种有连江黄石、山仔濑石、黄竹秀石和霸头石等。

(1)连江黄石

连江黄石产自金山顶的东北坡金狮垱一带，因矿位靠近连江县境，色多纯黄，故名。该矿洞开发于清代，初时文献记载多将产地定为连江县，如光绪年间郭柏苍在《闽产录异》中说“‘连江黄’产连江”，1917年出版的《福建矿务志略》亦称“连江黄”产于连江境。到了20世纪30年代，龚纶《寿山石谱》和陈子奋《寿山印石小志》等书，才将产地纠正为“与连江县交界处”。

连江黄石质坚脆，微透明；佳者浑朴颇具光泽，肌理隐条条直纹，俗称“九重粿纹”，易迸裂；色以纯黄居多，有杏黄、藤黄、枇杷黄和深褐黄等各种色相，肌里含细砂及白晕点。(图110)

在连江黄石中，有色淡泛白者，别其名曰“连江白石”，偶有掘自砂土层中之块状独石，称“掘性连江黄石”。

连江白石 指连江黄石中色白略带微黄或淡绿的矿块。其质细嫩，间有淡黑色水痕及裂纹，历久色变黝暗，裂痕益现。20世纪30年代曾出产一批，品较佳，此后渐少见。

掘性连江黄石 指挖掘于金山顶砂土中的块状独石。其品质胜于矿洞所产，色浓黄外层具色皮，纹理细密。旧时曾有商贾将其冒充“田黄石”蒙骗藏家。郭柏苍《葭跗草堂集》说：“(连江黄)色黯质硬，油渍即黝，宦闽者误以田石珍之。然田石是璞，此是片片云根，可伏而思也。”(图111)

(2)山仔濑石

山仔濑石又称“山井籁石”，产自金山北麓的山仔濑。矿洞接近连江县的交界处，与“连江黄石”一脉相承，质色亦相类似。其质脆硬多含砂砾，难于受刀；有黄、白、红、黑各色；旧时所产质多粗劣，近年渐有佳石出，细嫩微透明，色黄少砂。(图112)

(3)黄竹秀石

黄竹秀石产自黄竹秀山腰。洞为近年新开发，产量甚微。其石质细而通明，多杂砂质，有黄、红、白各色。(图113)

(4)坝头石

坝头石产自黄竹秀山麓，因产地而名。矿洞窄且浅，称为鸡窝洞，开发于20世纪80年代末。产量极少。其质微透明，具滑腻感，色多黄、白相间，佳者酷似“芙蓉石”。(图114)

图110　连江黄石

图112　圆顶椭圆章　巧色山仔濑石

图111　掘性连江黄石

图113　黄竹秀石

图114　坝头石

图115-①

图115-②

图115—① 柳坪尖矿脉方位图

图115—② 柳坪尖矿脉外景

图116 平顶博古对章 柳坪石

8．柳坪尖矿脉

柳坪尖矿脉位于日溪乡东坪村南与寿山乡寿山村东北部接壤处的柳坪尖一带山中。地处九柴兰山和金山顶之间，海拔高度719米，由黄洞岗、蔷红岗和墩岗三个山峰组成。(图115)

矿床呈脉状、透镜状或层状赋存于石英斑岩中，矿层深厚，蕴量颇大。组成矿石的矿物成分以叶蜡石和高岭石为主，偶含微量粒状石英。

该矿脉出产矿石的外观特征：质地细软，颇具滑腻感，多不透明，色灰黄或灰绿，偶含淡色结晶块。主要石种有柳坪石、黄洞岗石等。

图116

(1)柳坪石

柳坪石又称“柳寒石”，产自柳坪尾。清代已行开发，唯不著名，“民国”初大量开采用于雕制艺品、砚台及印章，始流行于世。20世纪中叶曾是寿山石雕主要原料，材巨者可达千斤，80年代后产竭。

柳坪石质地松软不透明，有紫、黄、白各色，以猪肝紫最常见。或多色交错，浓淡相间，杂微透明紫、白筋络及斑点，偶含细碎结晶体。(图116、图117)

柳坪石的品目，分别以色相和质地取名。主要有：

柳坪紫石　指纯紫色的柳坪石。其色暗紫，欠通灵，含粉白筋络及白晕点；质细嫩，色如猪肝者佳。(图118)

图117
母子虎钮方章
巧色柳坪石

图118
斜顶方章
柳坪紫石

图119
平顶对章
黄洞岗石

图117

图118

柳坪黄石　指纯黄色的柳坪石。其有淡黄、棕黄和赭黄等色，略带灰绿，肌理多杂斑纹。

柳坪白石　指色如白磁而杂紫斑的柳坪石。其质多不透明，欠光泽。

柳坪晶石　指质地晶莹纯洁的柳坪石矿块。其多为浅绿或淡黄色结晶体，质微脆，含筋络；形态各异，块度细小。

(2)黄洞岗石

黄洞岗石又称“黄嫩良石”，产自柳坪尖之黄洞岗。其质稍细嫩，有黄、赭、白、紫、黑各色；以黄色纯洁者为佳品，唯产量不丰，流传不广。(图119)

图119

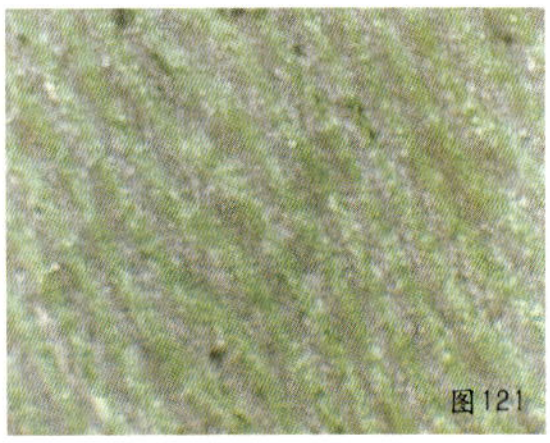

图120—① 旗降山矿脉方位图

图120—② 旗降山矿脉外景

图121 旗降石放大315倍图像

图120—①

图120-②

9.旗降山矿脉

旗降山矿脉位于寿山乡寿山村北面的旗降山一带。矿床呈透镜状或脉状赋存于次生石英斑岩中。(图120)

组成矿石的主要矿物成分有叶蜡石和地开石两种，其次为高岭石、水铝石。标本薄片经显微镜检测，显微鳞片变晶结构——在强烈的地开石化作用下被新的变晶矿物取代，原岩长石、黑云母尚少量残留，析出大量氧化铁。石英呈斑点状细屑，微量绢云母呈细脉发育，纵横交错。(图121)

该矿脉出产矿石的外观特征：质地温润滑腻，粗细不一，多为不透明或微透明。主要石种有旗降石、焓红石等。

(1)旗降石

旗降石又称“奇艮石”“奇岗石”，产自旗降山，以产地名。矿洞开发于明代末年，到了清初已负盛名。20世纪中期出产石质最佳，微透明，坚细温润，富有光泽；且石性稳定，经久不变，深得鉴藏家称道。近年所出品质略逊。

旗降石的品目，分别以色相、矿状及开采年代取名。

①按色相命名的旗降石，主要有：

旗降黄石　指纯黄色的旗降石。其有淡黄、枇杷黄、秋葵黄、橘皮黄多种；其中“妍如萱草，倩似春柑”者，品最高。(图122)

旗降红石　指纯红色的旗降石。其有玛瑙红、珊瑚红、橘皮红、枫叶红和李红等多种；神采焕发，光艳照人，乃旗降石中之极品。

旗降白石　指纯白色的旗降石。其或似脂玉，或如象牙，或像乳油；肌理偶现白色细泡点；其中以质通灵如冰糖者最为佳美。(图123)

图122—①

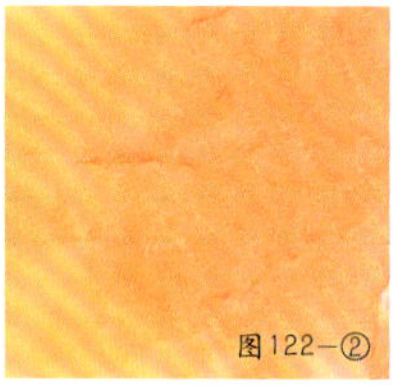

图122—②

图122—① 圆顶方章 旗降黄石

图122—② 局部肌理图像

图123 古象 脂白旗降石 郭茂康作

图124 手足情深 巧色旗降石 8×5×3.5（cm） 林发述作

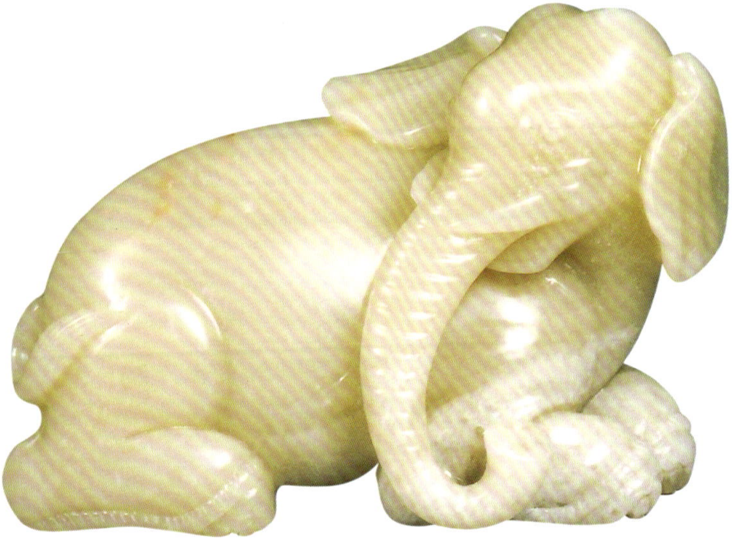

图123

图124

图125

图125　福在眼前　巧色旗降石　6×6×4（cm）　林发述作

图126　银裹金旗降石毛料

图127　悟　银裹金旗降石　6×10×4（cm）　丁梅卿作

图128　新性旗降石

图126

图127

图128

旗降紫石　指纯紫色的旗降石。其青紫如初熟葡萄者佳，红紫似新鲜猪肝者次之；另有紫、白相间，石面显现天然图案，类似锦缎纹饰者，古称“紫白锦”，甚为别致。

巧色旗降石　指两色以上混杂交错的旗降石。其有夹层、流纹等状；或对比强烈，俏色截然；或五彩流漫，景象万千；若石具多色者，又称“五彩旗降石”，甚珍贵。(图124、图125)

银裹金旗降石　指外表包裹白色层的旗降黄石。其以皮层呈微透明状，脂润纯净，色界清晰者为上品。(图126、图127)

金裹银旗降石　指外表包裹黄色层的旗降白石。其色层分明，黄皮多色淡而薄。

②旗降石除采自矿洞之外，尚有部分呈团块状零散埋藏于砂土层中，名曰“掘性旗降石”。

掘性旗降石　指旗降山坡挖掘的块状独石。其呈卵蛋形，外表圆滑润泽，稀有可珍。

③旗降石因开采年代不同，石质亦有差别，大略分为老性和新性两种：

老性旗降石　指20世纪前期出产的旗降石。其大多微透明富有光泽，质地纯粹，色彩艳丽，品质较佳。

新性旗降石　指20世纪后期出产的旗降石。其质地偏松，肌理白色晕点明显增多，色灰暗，略欠光泽，品质逊于旧产。(图128)

(2)焓红石

焓红石产自旗降山北坡，与旗降矿洞毗邻。古代鉴藏家将其视作粗质旗降石，故有“焓红旗降边”的说法。(图129、图130)

旧时石贾为提高石料品级，常将此类石以火煨煅，令石色变得浓艳而有光泽，此法称为“煅红”，后渐成石名。

焓红石质脆硬不透明，稍欠温润。色多苍白，杂细色点，或间赭黄、土红等色，肌理多砂粒和色块混杂其中，难求洁净。20世纪80年代曾出产一批质细且材巨，多纯白色或多色交错相间，用于雕刻，备受藏家青睐。(图131)

图131

图129
圆顶椭圆章 五彩纹焓红石

图130
银裹金焓红石

图131
独立枝头 巧色焓红石
40×30×13（cm）
陈礼忠作

图130

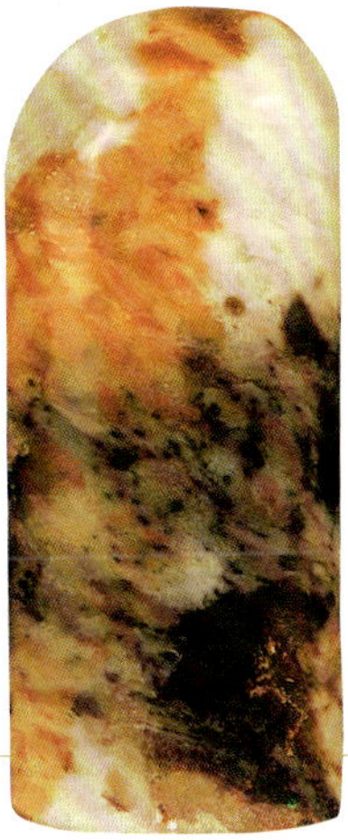
图129

10.九柴兰山矿脉

九柴兰山矿脉位于寿山乡寿山村北端的九柴兰山及其周围山冈，主峰海拔高度941.7米，是寿山三大山峰之一。

九柴兰山又称猴柴磹山、九茶南山，皆音近而字异。东接旗降山，西邻柳岭，北坡则为日溪乡境。这一带山峦出露的石英斑岩、流纹岩多蚀变为次生石英岩。矿床呈不规则透镜状或脉状赋存其间，由两个矿体组成，成矿方式属“火山热液充填(交代)型”，矿藏丰厚。组成矿石的主要矿物成分是叶蜡石，有石英—叶蜡石和水铝石—叶蜡石等类型。(图132)

该矿脉出产矿石的外观特征：质地细软，富有光泽，多为绿色微透明。早在两宋时期已经大规模开采，用于雕刻艺术品。在20世纪中期，以开采工业叶蜡石为主，现已停产多时。主要石种有猴柴磹石、无头佛坑石等。

(1)猴柴磹石

猴柴磹石又称“九茶岩石”“猴柴南石”（均为方言谐音），产自九柴兰山峰顶。该矿洞虽然远于1000多年前的宋代已行开发，并用以雕制石俑，但是作为石种名见于文献，则迟至20世纪初。1917年出版的《福建矿务志略》中，按色相分别介绍“槟榔九茶岩石”和“白九茶岩石”两个品种。在20世纪中叶曾大量开采工业用材，其中质色佳丽者亦用于雕刻。如今坑洞湮没已久，不再出石。

猴柴磹石松软多砂丁，微透颇具光泽，色有土黄、灰白、暗绿及杂色花斑诸种。

猴柴磹石的品目，分别以色相、纹理和质地取名，主要有：

白猴柴磹石 指纯白色的猴柴磹石。其微透明，色白中略带葱色，称“豆白”。

槟榔猴柴磹石 指猴柴磹石中，质凝腻，色灰黄，石面含条纹及斑点的矿块，因如槟榔之纹而得名。(图133)

图132—①

图132—②

猴柴磹豹皮冻石　指猴柴磹石中，质凝腻、色淡黄、石面含暗色斑纹、状如豹皮者，通常夹杂粗质石材之中。

(2)无头佛坑石

无头佛坑石产自九柴兰山麓的水涧旁砂土层中，呈块状零星散布，材细量微。相传古时此地曾建有一座女娲氏神庙，后因石农在采矿时偶然挖出一尊无头神像，遂取石名谓“无头佛坑石”。

无头佛坑石与猴柴磹石同出一脉，外观特征亦相近。其质稍坚实多裂纹，有黄、绿、灰等色。这种石仅在清末“民国”初少量出产，流于世者极少。(图134)

图134

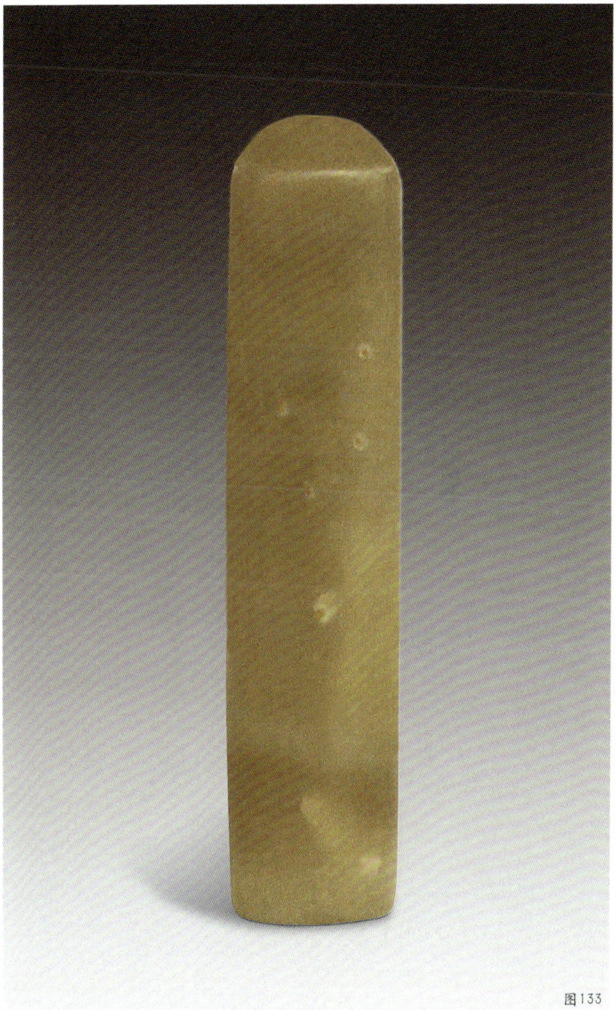

图133

图132-①
九柴兰山矿脉方位图

图132-②
九柴兰山矿脉外景

图133
圆顶椭圆章
槟榔猴柴磹石
(宋俑出土重新磨制)

图134
圆顶随形章
无头佛坑石

图135—① 柳岭矿脉方位图

图135—② 柳岭矿脉外景

图135—①

图135—②

11．柳岭矿脉

柳岭矿脉位于寿山乡寿山村北面的柳岭一带山峦中。地处寿山、日溪两乡交接部，山势险峻，群峦连绵，主峰海拔高度867米。

矿床分多个小矿体，呈不规则透镜状、团块状，或脉状赋存于次生石英斑岩、叶蜡石化高岭石化石英斑岩和叶蜡石化火山角砾岩中。成矿方式多样，属“火山热液充填（交代）型”。分布面积宽广，长者可达数百米，宽度约有二三米。(图135)

组成矿石的主要矿物成分以叶蜡石为主，其次为石英、高岭石、水铝石，含少量地开石、绢云母和黄铁矿。

该矿脉出产矿石的外观特征：质地致密细润，微透明，富有光泽。主要石种有老岭石、大山石、豆叶青石、圭贝石和汶洋石等。

(1)老岭石

老岭石又称“柳岭石”，产自柳岭峰巅。其是寿山诸石种中开发年代最早、产石历史最长的石种。在福州地区南朝墓葬中出土的“卧猪”和宋墓石俑多为老岭石质。

老岭石坚细微透明颇具光泽，色有黄、白、红、青、黑多种，以黄、绿为普遍。

老岭石的品目，分别以色相、质地、矿位及矿状取名。

①按色相命名的老岭石，主要有：

老岭黄石　指纯黄色的老岭石。其浓淡各异或如黄瓜，或似秋叶，不甚通灵，肌理含色点及筋络。(图136)

老岭青石　指青绿色的老岭石。其色青翠明润，纯净雅洁，佳者与碧玉相仿佛。

老岭红石　指纯红色的老岭石。其红中带赭，或近朱砂，或像橘皮，难求纯一；纹理细密，状如瓜络，多含绵砂。

图136
平顶对章　老岭黄石

图137
白菜钮方章　“民国”　老岭通石
福建博物院藏

图138
圆顶方章　巧色大山石

图139
薄意三友图随形章　大山晶石
7×5×1.5（cm）
旧藏品

图136

图137

老岭乌石　指墨色的老岭石。其或淡灰，或浓黑，或掺杂各色，肌理含砂丁、格纹。

黄缟老岭石　指黄色老岭石中密布深黄色缟纹的矿块。其以纹理清晰者为上品。

红缟老岭石　指黄色老岭石中，密布红赭色缟纹的矿块。其肌理偶含斑点。

色缟老岭石　指老岭石中含红赭、棕黄和乳白多色缟纹的矿块。其以纹饰瑰丽为上品。

巧色老岭石　指两色以上混杂交错的老岭石。其多色层分明，对比强烈，以质纯色丽为上品。

②按质地命名的老岭石，主要有：

老岭通石　指质地晃朗通灵的老岭石矿块。其质脆硬半透明，偶含粗纹、色点；有黄、绿两种颜色，黄者似蜜蜡，绿者如豆青，为老岭之珍品。(图137)

老岭晶石　指质地晶莹通灵的老岭石结晶体。其佳者透澈如玻璃，肌理隐现脉状色纹，分明可辨，色多灰白略带微绿或微黄。

③老岭石矿遍及山野，一般不以洞位定名。唯峰顶虎嘴崖下所出矿石独具特色，故别其名曰“虎嘴老岭石”。

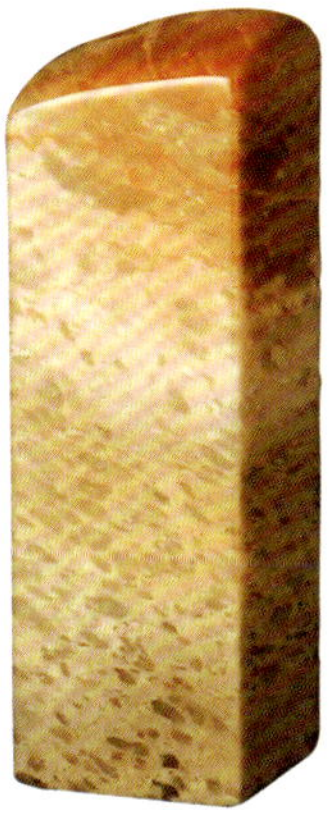

图138

图139

虎嘴老岭石 又称“老虎嘴石”“虎口石”，因洞口山岩状如一只张开大嘴的老虎而得名。矿洞始凿于清代末年，“民国”时期出产质最佳，现洞塌无存。

虎嘴老岭石质细嫩温润，微透明，色多青绿或明黄，乃老岭石中之精华。

④老岭石矿体有脉状与团块状两种：脉状采自矿洞，团块状则埋藏砂土层中，俗称“窝泡”，别其名曰“掘性老岭石”。

掘性老岭石 呈卵石形，大小不一，外表光润圆滑，挂薄色皮，质地稍胜洞产；色彩以浓黑、灰白、暗绿和赭黄为常见。

(2)大山石

大山石产自柳岭北面深山之中，取名寓“石出大山”之意。矿洞开发于“民国”时期，是老岭矿洞不断向纵深扩展所出产的新品种。近半个世纪以来，出产佳石颇多，渐博藏家喜爱。

大山石质与老岭石极为相似，唯肌理间杂色点，裂纹增多，品质略逊，常见有黄、白和青等色。(图138)

大山石的品目，分别以质地、纹理取名，主要有：

大山通石 指晃朗通灵的大山石矿块。其质纯洁无尘滓，色绿或黄，亦有两色相交。

大山晶石 指晶莹透澈的大山石结晶体。其质地通灵，纹理细密，含瓜络状色纹及乳白不透明斑块。(图139)

大山花坑冻石 指大山石中，质地通灵，肌理含明显筋络状色纹的矿块，奇特稀有，颇具收藏价值。(图140)

(3)豆叶青石

豆叶青石又称“豆青绿石”，产自柳岭东面山麓，因色如青豆之叶而得名。矿洞开发于清、民之交，现已绝产。其石质温嫩凝腻，微透明，或半透明；色青翠，浓淡相映，间有红、黄色筋络，含粉白色块；佳者酷似“老岭通石”，唯略欠通灵。(图141)

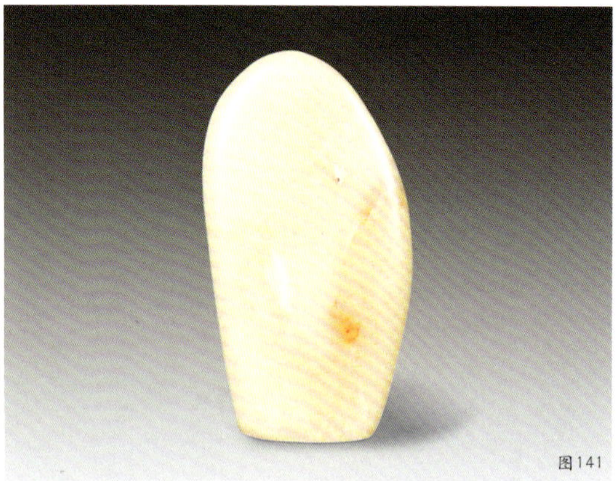
图141

图140—①
圆顶方章
大山花坑冻石

图140—②
局部肌理图像

图141　豆叶青石

图142　黄汶洋石

图143　黄皮白汶洋石

图140—①

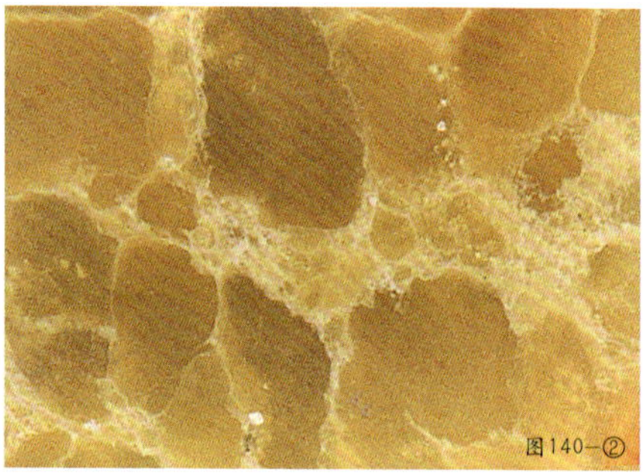
图140—②

图142

图143

(4)圭贝石

圭贝石，又称“鸡背石”，产自柳岭山腰靠近豆叶青矿洞处，两者石性相近。于20世纪30年代开采，质颇佳，未久洞废不再产石。其石质坚硬结实，稍通灵，色淡绿，肌理间杂黄色筋络及粉白斑块。

(5)汶洋石

汶洋石产自柳岭虎嘴崖北坡，因地属日溪乡汶洋村，故名。旧时该处亦曾凿洞采石用于制砚，但不为人们所重视。至20世纪末，汶洋村民集资开矿，先后辟洞十数个，产石颇有特色，始著名于世。

汶洋石质细嫩，微透明，易干裂。各色俱有，以白、黄、黑为常见。矿石裂层多渗染赭黄或铁红色皮层，肌理含细密格纹，欲求纯洁殊难。

汶洋石的品目，分别以色相、质地及矿状取名，主要有：

黄汶洋石　指纯黄色的汶洋石。其有淡黄、栗黄、蜜黄、褐黄多种，常深浅变幻，肌理含红筋及砂丁。(图142)

白汶洋石　指纯白色的汶洋石。其有粉白、脂白、月白等，或为淡青、牙黄，时有黑斑掺杂其中。(图143)

黑汶洋石　指纯黑色的汶洋石。其黑如漆、淡近灰，交融像洒墨，质地稍硬，多含砂粒。

巧色汶洋石　指两色以上混杂交错的汶洋石。其多见红、黄或黑、白相间，也有色层包裹。(图144)

汶洋冻石　指质地凝腻通灵的汶洋石。其细嫩纯洁，各色俱有，白者如羊脂，黄者似蜜蜡，墨者像牛角，乃汶洋石中之极品。(图145)

掘性汶洋石　指散落在汶洋矿洞附近砂土层中及溪涧水底的块状独石。其形如卵石外裹色皮，质地温润，富有光泽。

图144

图144
浮雕惜惜相依长方章
巧色白汶洋石
7.5×4.5×4（cm）
陈礼忠作

图145
巧色汶洋冻石

图145

图146—②

图146—①

图146—① 旗山矿脉方位图

图146—② 旗山矿脉外景

12．旗山矿脉

旗山矿脉位于寿山乡寿山村西面的旗山附近山峦中。

旗山又称麒麟山，是寿山的最高山峰，海拔高度1130米，主峰不产石。矿脉分布其左右诸山冈，呈脉状、层状或团块状零散赋存于石英斑岩中间。组成矿石的主要矿物成分是叶蜡石，矿体多混夹围岩杂质及细砂，可供雕刻的石料有限。(图146)

该矿脉所产矿石的外观特征：质粗顽坚硬，不透明。主要石种有马头岗石、大洞黄石、三界黄石、水莲花石和鸡母孵石等。

(1)马头岗石

马头岗石又称“马蹄岗石”“马头艮石”，产自旗山南侧的一座形如马首的山冈，因而得名。矿洞开发于“民国”年间。其石质坚硬多砂，不透明，色多灰黄或青灰，难于受刀。除少数质地较松的矿块尚可用于雕刻之外，大多仅宜制作磨励石材料，俗称“旗山砖”。

在马头岗山坡砂土中埋藏的块状独石，质较佳，宜雕刻，别其名曰“掘性马头岗石”。(图147)

掘性马头岗石 又称“马头岗牛蛋石”，是零星散布马头岗土坡及溪畔的独石。其形如蛋卵，圆滑光润，质稍细软，多不透明；有黄、红、黑各色，以赭黄最常见，外裹杂色皮层，肌理含细砂。因其状近似田坑“牛蛋黄石”，故旧时书志往往将两者混为一谈。

(2)大洞黄石

大洞黄石产自马头岗旁，开发稍后于马头岗石。其质脆且硬，不透明，易迸裂；色多暗黄、赭红，肌理间杂粉黄色渣滓。其中质丽而纯洁者，颇具光泽，近似“老岭黄石”。

(3)三界黄石

三界黄石产自马头岗附近，因石面多见红、黄、白或黑等色相混杂而得名。其质近大洞黄

石，粗硬不透明；色彩交错形成各种自然花纹，可供赏玩。(图148)

(4)水莲花石

水莲花石产自旗山东南侧山冈，以产地名。洞凿于20世纪初，产量不多，久无出石。其质粗硬，不透明；有白、灰、红等色，常见各色呈块状相间。

(5)鸡母孵石

鸡母孵石产自水莲花石矿洞附近山坳，以产地名。其质略坚，不透明，有黄、白、红等色，唯多不纯。其中少量矿石质稍松软，色藤黄，肌理含白色细斑，品较佳。

图147

图147
圆顶日字章
掘性马头岗石

图148
圆顶随形章
三界黄石

图148

图149—①

图149—②

图149—① 黄巢山矿脉方位图

图149—② 黄巢山矿脉外景

图150 党洋绿石放大1250倍图像

13. 黄巢山矿脉

黄巢山矿脉位于日溪乡东坪、党洋及南峰等村的山峦中。

黄巢山又名黄枣山，峰峦起伏，峭壁耸立，主峰海拔高度931.4米。相传唐末黄巢起义军曾在此筑寨安营，围攻福州城，山巅尚存“黄巢寨”遗址。(图149)

据地质勘探，黄巢山一带山峰基岩上部多被青灰色粘板岩所覆盖，矿床呈脉状、层状赋存于底层的石英斑岩中。组成矿石的主要矿物成分是叶蜡石，含少量黝帘石、石英、绢云母、黑云母及铁矿微粒。标本薄片经显微镜检测，显微鳞片变晶结构：叶蜡石呈细小鳞片状集合体，黝帘石呈细小柱状、针状零散分布，时有石英脉伴生，局部偶见石英团块。(图150)

该矿脉以出产工业用叶蜡石为主，少量结晶体混杂其间，可供雕刻。矿石外观特征：质地细而莹澈，微透明或半透明，富有光泽。主要石种有党洋石、黄枣冻石、松坪岭石、山秀园石和境尾石等。

(1)党洋石

党洋石又称“墩洋石”“档洋石”，产自党洋村山中。当清代初年开发之时，因其质色佳丽颇受藏家青睐。后因当地少数民族村民认为开矿有损风水，遂禁采石，迫使停产。近十多年来虽然数次试图重凿，但产量甚微，品质亦大不如前。

党洋石质细嫩，肌理含细纹络，以青绿色为常见，其他尚有白、黄等色。

党洋石的品目，分别以色相、质地和开采年代取名。

①按色相命名的党洋石，主要有：

党洋绿石 指纯绿色的党洋石。其色青翠亮丽，质纯而润，是党洋石之典型品种，故鉴藏家通常将党洋一带出产的矿石，统称为“党洋绿”。

鸭雄绿石 指党洋石中，色近石青、石绿，光彩闪通的矿块。因其色近似雄鸭之翼

图151
高枕无忧
党洋晶石
3.5×7×3.8（cm）
林文钦作

图152
瓜蝉
黄枣冻石

图153
葫芦僧
巧色黄枣冻石
7.3×4.5×3.3（cm）
林文钦作

图151

羽，浓艳明翠，故而得名。此类石仅产于清代，传世之品皆为稀珍。

党洋黄石　指纯黄色的党洋石。其质地硬脆，微透明，肌理含色纹筋络；色多枯黄，略欠光泽。

党洋白石　指纯白色的党洋石。其色近青藕，粉白中略带黄绿意；不通灵，多含砂。

②党洋矿体中，有半透明结晶团块，别其名曰“党洋晶石”。

党洋晶石　指质地晶莹通灵的党洋石。其色淡绿如豆青，质坚实明朗，偶有乳白色斑块混杂其中。近年时有所出，块度较细。（图151）

③党洋石矿洞有新、旧之分，石质亦有区别，可分老性和新性两种：

老性党洋石　指传世的古旧党洋石。其质温嫩，色青翠，表层现包浆。

新性党洋石　指新产之党洋石。其不透明或微透明，质松软，含筋络。其中结晶矿块品质较佳。

(2)黄枣冻石

黄枣冻石又称“黄巢冻石”“二号矿冻石”，产自黄巢山尾岗，其是20世纪末新开发的石种。

该矿洞原属工业叶蜡石矿，按矿山顺序编号为“二号矿”。20世纪90年代初，矿工在采石时发现矿床中夹有团块结晶体，纯洁通灵，适宜雕刻，遂取之售于市，称为“二号矿”。1994年经福州寿山石研究会专家组实地考察，并按出产地定名的原则，命名为“黄枣冻石”，始著名于世。

图152

图153

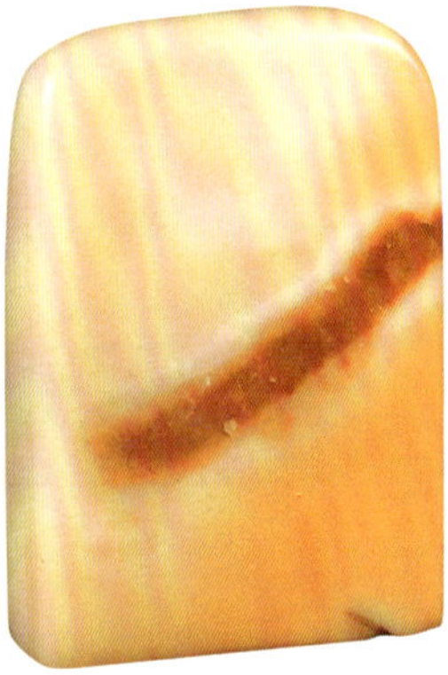

图154

1999年福建省技术监督局正式确认以“黄枣冻石”作为该石种标识名称。

黄枣冻石质莹澈，半透明，零散结晶于叶蜡石矿体之中，块度小，砂质多，采集难；色以蜜黄色最为名贵，青绿、灰白次之。唯肌理常有筋络砂质混杂，纯净难求。(图152、图153)

(3)松坪岭石

松坪岭石又称“松毛岭石”“松眠岭石”“松坂岭石”或“松柏岭石”，（皆为方言谐音），产自日溪乡党洋村的松毛岭山中。该矿洞开发于20世纪初期，出产矿石，质多不纯。自40年代后停采近半个世纪，直至90年代始恢复开矿。

该矿旧产松坪岭石，质稍坚，粗者近“柳坪石”，细者像“旗降石”，其中通灵部分又似“都成坑石”。其粗细悬殊，品级差异，肌理含杂裂纹及绵砂，佳品极少。近年新产质颇细嫩，微透明，色明黄或豆青，略带粉红，含细格纹。(图154)

在传世旧松坪岭石中，有色浓红含奇特条纹者，别其名曰“马肉红石”。

马肉红石　指松坪岭石中，色暗朱，石面密布条条赭红色纹理的矿块。因酷似马肉而得名，颇具收藏价值。

(4)山秀园石

山秀园石产自日溪乡山秀园与南峰两村交界的楄树夹山中，地势险峻，面临山仔水库。相传古时曾经凿洞采石，唯不见文献记载及传世实物，20世纪末村民重行探矿，出产一批佳石，始著名于世。其石质细洁润泽，肌理杂粉白斑点，有黄、红、白、黑等色，常见多色交错。(图155、图156)

(5)境尾石

境尾石产自日溪乡的东坪胜境庙背面山坡悬崖中。矿洞初辟于20世纪80年代，由雷林海兄弟开发，惜仅及矿床表层，产量有限。其石质洁净不透明或微透明；块度细小，有黄、红、灰各色。其中质佳者，近似“老性善伯洞石”。

图155-①

图155-②

图154
圆顶扁方章
巧色松坪岭石

图155-①
山秀园石

图155-②
局部肌理图像

图156
神鹿
巧色山秀园石
9.8×5.5×3（cm）
王福民作

图156

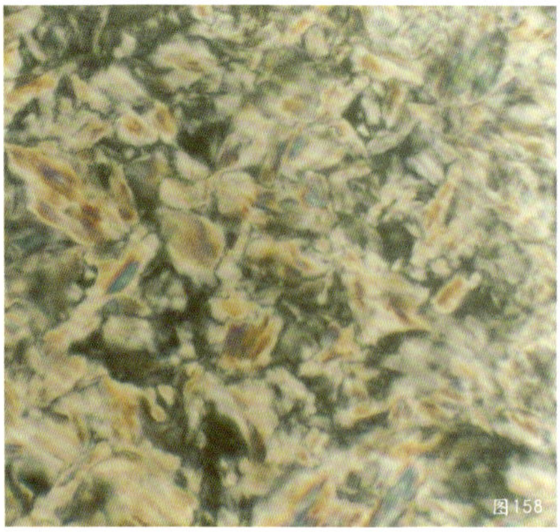

图158

图157—① 加良山矿脉方位图

图157—② 加良山矿脉外景

图158 芙蓉石放大1250倍图像

14. 加良山矿脉

加良山矿脉位于宦溪镇峨眉村西南面的加良山及其周围山峦，主峰海拔高度636米。地处寿山——峨眉晚侏罗世火山喷发盆地东南缘，是峨眉区域的主脉。(图157)

矿床呈大透镜状或层状赋存于流纹质晶屑、玻璃屑凝灰岩和含火山角砾凝灰岩中，略呈环形分布，由数十个大小矿体组成。矿层深厚，蕴量丰富，部分矿石出露地表，成矿方式属典型的“火山热液交代型”。

组成矿石的主要矿物成分是叶蜡石，其次为石英、水铝石和高岭石等，含少量黄铁矿。有叶蜡石、水铝石—叶蜡石、石英叶蜡石—凝灰质叶蜡石和高岭石—叶蜡石等类型。标本薄片经显微镜检测，显微鳞片变晶结构：受强烈的热液蚀变作用，原岩外貌消失，全部形成叶蜡石集合体及不规则粒状水铝石。此外尚有极微量磁铁矿粒分布其间。(图158)

该矿脉出产矿石的外观特征：质细而脂润，外表具滑腻感，多不透明或微透明。当明末清初始行开发之时，尚不为人们所重，乾隆后渐著名于世。20世纪中期，大规模开采工业用叶蜡石，同时出产雕刻用材。主要石种有芙蓉石、绿若通石、半山石、竹头窝石、峨眉石和溪蛋石等。

(1)芙蓉石

芙蓉石产自加良山东侧山峰，因色洁质嫩，犹如初开的木芙蓉花而得名。该石种开发于明、清之际，初期石质粗糙，且多含砂团，品位远不及寿山乡出产诸石种。

自乾隆年间“将军洞”探凿后，所出石质凝结明莹，身价剧增，被尊为“石中君子”，与田黄石、鸡血石并称“印石三宝”。清郭柏苍《闽产录异》称“芙蓉石，似白玉而纯粹，玉不受刀，逊于芙蓉矣”。

芙蓉石质光润细结，微透明如脂玉，“似脆而实凝，似松而实结”；色泽以白色为典

图157—①

图157—②

型，其他尚有黄、红、青、紫等色，或两色乃至多色相间；肌理偶含粉白色绵砂团块，状如鸟兽粪便，俗呼“芙蓉屎”，或叫“卧虎屎”，是芙蓉石及其同族石质的重要特征。

芙蓉石的品目，分别以色相、质地、矿洞，以及开采年代取名。

①按色相命名的芙蓉石，主要有：

白芙蓉石　指纯白色的芙蓉石。其妍嫩细腻，纯粹洁净，在芙蓉石中最为普遍，品质优劣悬殊。其又以不同色调和纹理的近似物象取号，如白玉白、藕尖白、猪油白，以及葱白、粉白等。旧时藏家各有所好，或云“猪油白为上”，或称“色首藕尖白”。当今普遍以色如莫愁湖中之新藕者为贵。(图159)

黄芙蓉石　指纯黄色的芙蓉石。其质稍坚实，通明妩媚；有淡黄、牙黄、杏黄、明黄、和朱黄等色。(图160)

红芙蓉石　指纯红色的芙蓉石。娇艳夺目，光彩焕发；肌理含水痕及黄色筋络；有烛红、桃红、朱红、李红、粉红和橘红等色，以烛红为极品。(图161)

芙蓉青石　指纯绿色的芙蓉石。其色有深浅清浊之分，以青翠如竹叶者为上品，淡青泛白如鸭蛋壳者品略次；质多不通灵，肌理常隐细黑斑。(图162)

紫芙蓉石　指纯紫色的芙蓉石。其旧产少见，新坑偶有发现；色分茄皮紫、葡萄紫、青莲紫等多种，但常夹杂他色。

巧色芙蓉石　指两种以上颜色交错成各种纹理的芙蓉石。其中五彩斑斓者，又称“五彩芙蓉石”。(图163)

②按质地命名的芙蓉石，主要有：

芙蓉冻石　指质地凝腻的芙蓉石。其纯洁半透明，各色俱备，以白玉白、藕尖白、蜜黄和烛红较为常见。(图164)

红花芙蓉冻石　又称“花红芙蓉冻石”，指白芙蓉冻石中含鲜红色斑纹的矿块。其浓

图159

图160

图162

图159　随形顶扁方章　白玉白芙蓉石

图160　杏黄芙蓉石

图161　烛红芙蓉石

图162　平顶日字章　芙蓉青石

图161

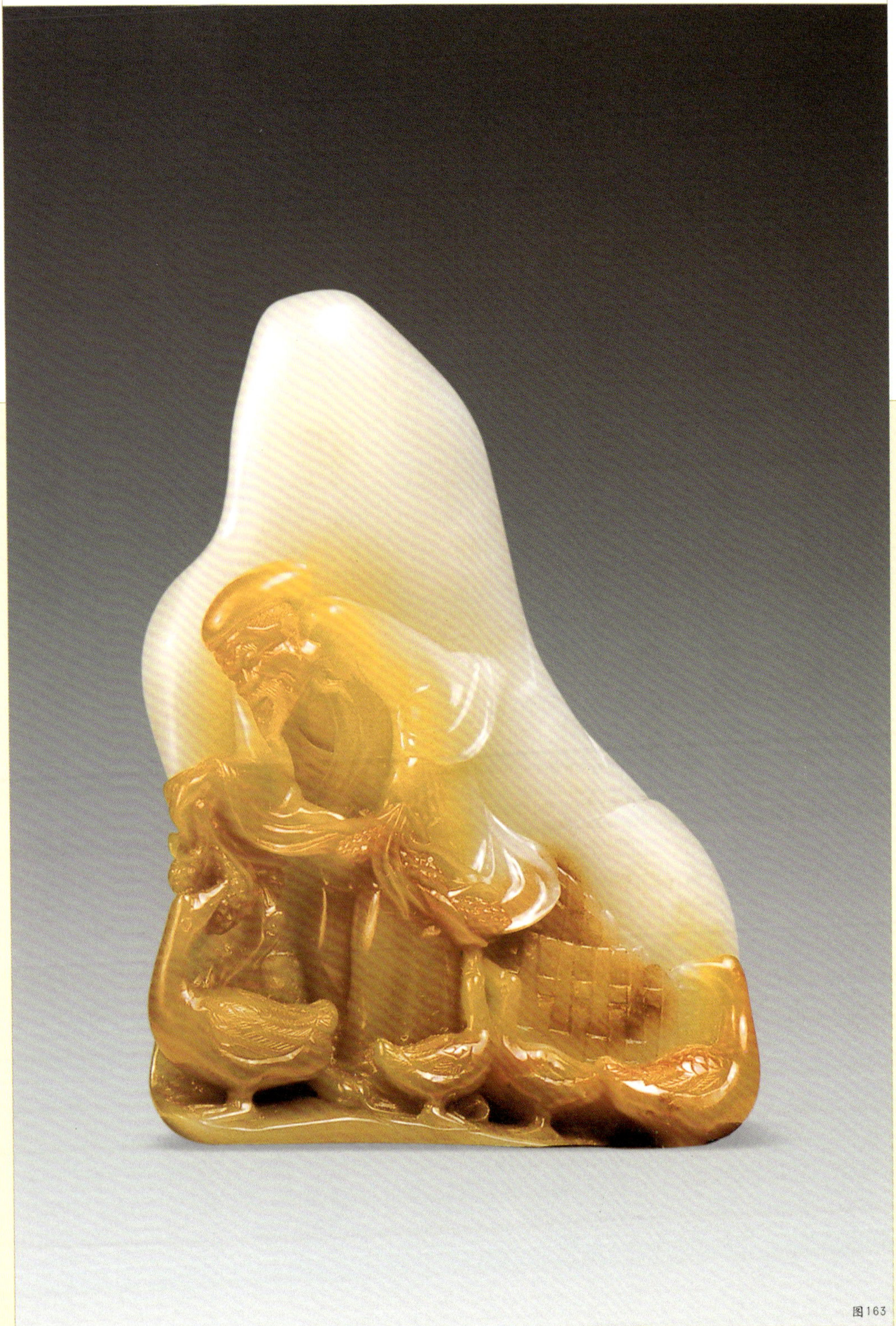

图163

淡疏密有致，红白互相辉映，犹如朵朵红花散落雪地中，娇艳夺目，堪称神品。(图165)

芙蓉晶石　指质地莹澈通灵的芙蓉石结晶块。其质坚细，半透明，富有光泽；色有红、白、黄等，纯洁无瑕，十分稀有。(图166)

粘岩芙蓉冻石　指紧贴于坚硬围岩边的薄层芙蓉冻石。凡砂岩之质越硬，冻石通灵度就越强，可惜大都石层浅薄，殊难成材。

③按矿洞命名的芙蓉石，主要有：

将军洞芙蓉石　矿洞在加良山顶部，洞深达30多米，垂直而下，十分险要。该洞开发于清初，至乾隆年间洞归某将军所有，故名。出产石材品质特佳，纯洁细腻，独具特色，为芙蓉石之极品。后坑陷于水，不可复理，从此绝产。今流传于世者皆为数百年前旧品，稀世

图163　羲之爱鹅　巧色芙蓉石
9.8×6.6×2.7 (cm)
邱瑞坤作

图164　浮雕圆形佩饰　藕尖白芙蓉冻石
5.3×1.5 (cm)
姚仲达作

图165　多子多福　红花芙蓉冻石
4.8×8.5×3 (cm)

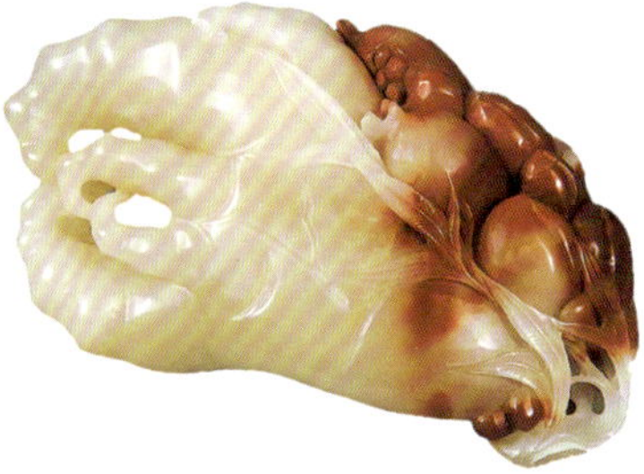

图165

图164

图167—①

图167—②

珍宝。(图167)

上洞芙蓉石 又称“天面洞芙蓉石”，位于将军洞上方，开发于清代，是继“将军洞”之后的芙蓉石又一名洞。其石质凝腻，有白、黄、红各色，以猪油白最常见；肌理常杂粉白色不透明团块，品位略逊于“将军洞芙蓉石”。“民国”年间出产佳品颇多，后洞废不再出石，今流传于世者亦罕。(图168)。

④芙蓉石自问世迄今四百多年间，开采时断时续，所产石质古今亦有差异，故又分别命名。

古旧芙蓉石 指清代出产的芙蓉石。其类石初产之时质多洁净，但历经代复一代玩家手泽摩挲，油气侵蚀，原来面目逐渐改变，石面泛黄，包浆显现。

老性芙蓉石 指20世纪初、中期开采的芙蓉石。其质嫩润雅洁，石皮亦现淡淡“包浆”。

新性芙蓉石 又称“新洞芙蓉石”，指20世纪后半叶新凿矿洞开采的芙蓉石。其质细软，多裂纹，色有白、黄、红、紫等，常见多色混杂，以纯藕尖白最为难得。

(2)绿若通石

绿若通石又称“绿箬通石”“箬笠通石”（皆方言谐音），产自加良山巅，接近“将军洞”处，开发于“民国”初年，因通灵而色绿故得名。其质细而微坚，微透明或半透明，富有光泽；色多青绿略带蓝意，尚有绿中泛枯黄；肌理偶含红色浑点或红筋。(图169)

(3)半山石

半山石产自加良山腰，因位处半山故名。其开发于清代，与芙蓉石实为一脉；质亦相若，唯品质略逊；色有黄、红、白诸种，以白中间杂各色为常见。

半山石的品目，分别以色相和质地取名。

①按色相命名的半山石，主要有：

黄半山石 指纯黄色的半山石。其色多棕黄、赭黄，含红筋络及色点，黯然欠明朗。

图166

图168

图166
穿岩螭钮长方章
芙蓉晶石
4×3.5×2（cm）

图167—①
螭钮椭圆章　清代
将军洞芙蓉石
福建博物院藏

图167—②
局部肌理图像

图168
三螭钮方章
上洞芙蓉石
台北鸿禧美术馆藏

图169
薄意戏鹦仕女长方章
绿若通石
11.5×2.3×1.9（cm）
詹可树作

图169

图170　随形顶方章　葱白半山石

图173　圆顶随形章　竹头窝石

图171　印章原坯　巧色半山石

图174　平顶扁方章　峨眉红石

图172－①
双兽钮方章
半山冻石
8.5×2.4×2.4（cm）

图172－②
局部肌理图像

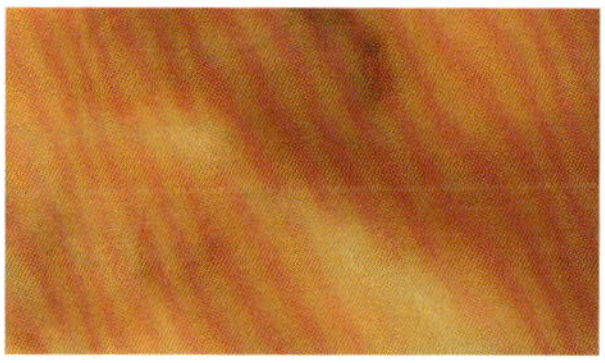

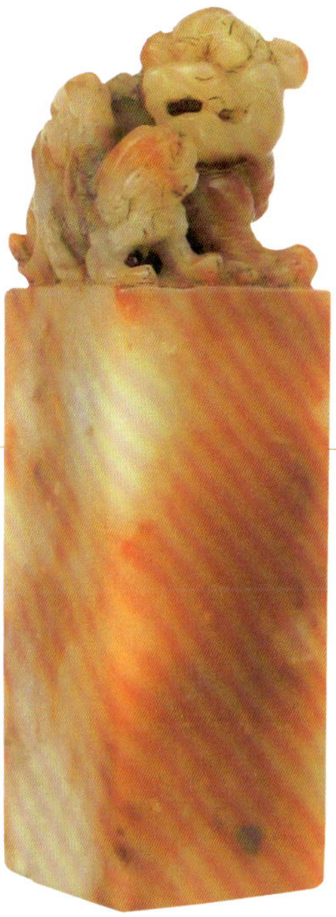

图172

其中温润绵密，如剥皮枇杷者，质最佳。

红半山石　指纯红色的半山石。其多粉红色，或暗红杂斑纹，浓淡不均，色象变幻；偶有通体红艳如蜡烛者最佳。

白半山石　指纯白色的半山石。其多粉白、葱白，含色团和斑纹。(图170)

巧色半山石　又称“花半山石”，指两种以上颜色相间的半山石。其常见白色质地间杂红色斑纹，五彩斑斓者类似“五彩芙蓉石”。(图171)

②按质地命名的半山石，主要有：

半山冻石　指质地凝腻的半山石矿块。其微透明或半透明，具各色；其品不在“芙蓉冻石”之下；凡白色中含鲜红色斑纹的矿块，称“红花半山冻石”。(图172)

半山粗石　简称“半粗”，指半山石中质地粗硬的矿块。其往往为在瓦砾地间夹杂大小通灵的结晶体，色多灰绿、土红或赭黄，错杂无章。

(4)竹头窝石

竹头窝石又称“竹头青石”，产自加良山旁的竹篮窝，以产地名。该矿开发于“民国”初年，未行大规模开采，产量亦微。其质细而滑润，稍欠通灵，肌理含半透明色纹；色多粉黄或灰白，微泛绿意。其中质粗硬者，别其名曰“竹头粗石”。(图173)

竹头粗石　指竹头窝石中，质不纯而杂砂砾的矿块，不透明，坚硬难于奏刀。

(5)峨眉石

峨眉石产自加良山西侧的峰峦中，因矿山地属宦溪镇峨眉村，故取作石种名。该矿早在清代已经开发，称其谓“月洋粗石”，因当时山麓有一村庄叫“月洋”，故取作石名。此石旧时不为藏家所重，有文献称“价至廉，以遍山皆是，取之不遏也”。自20世纪70年代开始

图175
桃钮薄意山水方章
优质巧色峨眉石
10×3×3（cm）
王雷庭作

图176
圆顶方章
斜纹红峨眉石

图177－①
溪蛋石石璞

图177－②
底部剖面

图175

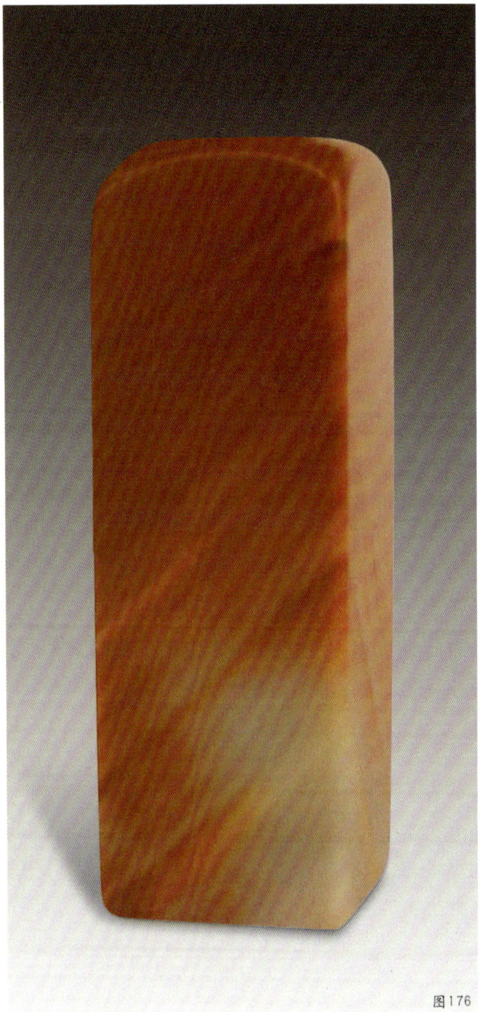
图176

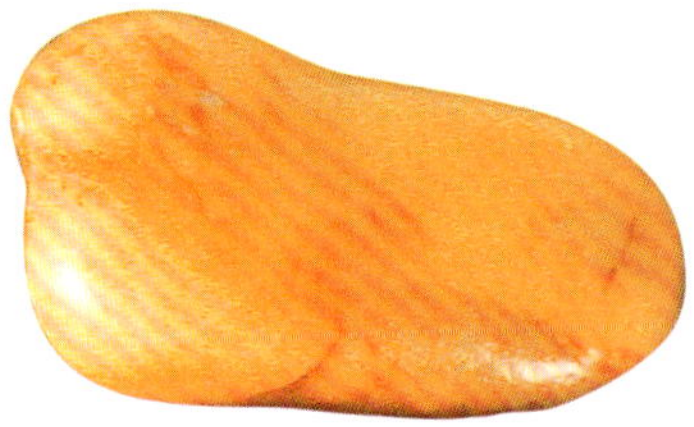

图177－①

图177－②

大规模采石，主要用于制造耐火材料，其中部分质细矿石也适宜于雕刻。后期则扩展到露天采矿，量丰且材巨，大者可达千斤。品质良莠不齐，是继“柳坪石”之后用作寿山石雕的大批量原料，至今仍常见于市肆。

峨眉石质稍硬，不透明或微透明，具蜡质滑润感；色彩错杂，有乳白、淡黄、嫩红及青灰等，多黝暗现黑斑，肌理含砂质及裂痕。其中色纯质优者亦属雕刻上好材料。

峨眉石的品目，分别以色相和质地取名，主要有：

峨眉黄石　指纯黄色的峨眉石。质细而光润；有牙黄、粉黄、橙黄等色，含白色或棕色细点，格纹呈铁红色，直而显露。

峨眉红石　指纯红色的峨眉石。其质稍坚，不通灵，含砂丁，色多暗红或酱红。其中色嫩红而微透明部分，尚艳丽可爱。(图174)

优质峨眉石　指峨眉石中质地细嫩纯洁的矿块。其佳者可与“半山石”相媲美，20世纪七八十年代出产质最佳，惜今已不多见。(图175、图176)

峨眉晶石　指夹生于峨眉石矿床中的结晶体。其块度较小，通灵莹澈，多蜜黄或豆青等色。偶然而得，乃峨眉石之精华。

(6)溪蛋石

溪蛋石又称“溪卵石”，零散沉积于宦溪镇桂湖坡头附近的溪底。其形如卵石，温润可爱。这种石是古代开采芙蓉石时残留在洞口的矿石块，经山洪冲荡而流入溪中。长年经受溪水浸润冲刷，形态渐变圆滑，表层泛浅淡黄色皮，而向内渐转白色。貌似“白田石”，俗称“溪蛋田”。(图177)

枫桥夜泊

图178　质地脂润、色彩绚丽、品种丰富、雕刻精致的寿山石艺术品

寿山石艺品鉴赏

一 、雕刻历史沿革

寿山石雕是极富地域色彩的工艺美术品，它的起源与发展又受到博大精深的中华传统雕塑艺术的影响，形成了既具浓厚民族风格又有强烈地方特色的石雕艺术，是我国艺术百花园中的一朵奇葩。

早在四千年以前的新石器时代，生活在闽江下游的先民就开始利用寿山石制造石镞、石凿。在那时，这类用作劳动的工具，虽然还谈不上是有意识地艺术创作，但已经培育起人们的审美观念，并被后世提升为寿山石文化开创了先河。

据考证，寿山石雕刻艺术大约萌芽于“闽人文化”诞生初期。千多年以来世代相沿，连绵不断，大致可分为四个历史发展阶段，即：南朝时期的初创阶段、唐宋时期的发展阶段、明清时期的昌盛阶段和20世纪的繁荣阶段。每个阶段的雕刻品，从品种、造型、纹饰、技艺等方面都表现出各自的特色，同时又一脉相承。

1.南朝的“卧猪”

在南朝时期(420–589)，正当我国中原地区政治动乱之时，地处东南沿海的福州则相对稳定。自西晋永嘉之乱后，中原汉族士民大批南下，这些北方移民带来了古老的中原文化和先进的生产技术，促进了汉人和闽越族的交融。同时还将厚葬的习俗也传到了南方。

用玉石雕刻“卧猪”作为陪葬物在汉代已经十分普遍，各地汉墓中常有发现逼真生动的玉猪，只不过随着时代的推进和地区的不同，造型略有变化。如1977年在安徽省亳县东汉墓葬中出土的玉猪，作卧睡姿态，嘴端平齐，双耳抿于头侧，短尾卷曲，额部阴刻皱纹。另在江苏省南京市郭家山东晋墓葬出土的玉猪，也是作伏卧状，两端平齐，头伏于前腿，两耳贴背，以阴线刻面部目嘴及皱纹。

再看福州几处南朝墓葬出土的寿山石“卧猪”：1954年福州仓山桃花山福建师范学院工地挖掘南朝墓葬一座，出土寿山石“卧猪”一件，高1.1厘米，长6.4厘米，作伏卧状，利用长方形石料稍加琢磨而成；同年在仓山乐群路速成中学工地南朝墓葬中也发现寿山石猪，高2厘米，长6厘米，亦作伏卧姿态，雕工粗犷豪放。像这类石猪在福州及附近地区南朝墓时有出土，反映出当时工匠的熟练技巧和造型能力。

如果我们将这些早期寿山石雕实物与各地同类作品进行一番比较研究，可以清楚地看到它们之间尽管材质不同、技法各异，但从中都明显地表现出时代的风格和渊源关系。(图179—图181)

2.两宋的“石俑”

唐代安史之乱后，汉人南下浪潮更盛。此时的福建出现了佛教的兴盛局面。古言道：“天下名山僧占多。”风光奇秀的寿山及其周边地区，在唐代相继创建寺院多座，聚集僧侣千众，香客络绎不绝，成了福州“五山丛林”之一，诸如芙蓉山的“芙蓉院”(创于唐太和七年)、九峰山的“九峰院”(创于唐大中二年)、寿山的“广应院”(创于唐光启三年)，以及下寮的“翠微院”(创于后唐天成元年)和瑞峰的“林洋院”(创于后唐长兴二年)等。

相传，僧侣们就地取材利用寿山石雕制佛像、香炉及念珠等宗教用器，除供寺院使用之外，还当作礼品馈赠各方游客，大大促进了寿山石雕艺术的发展和传播。

两宋期间，随着我国政治、经济、文化中心的南移，福州成为东南沿海的重要商业城市。“百货随潮船入市，万家沽酒户垂帘”，正是当时的生动写照。

当辽金入侵，北方处在战火纷飞之际，在闽中这个中原贵族避难的乐土里，豪门贵族的穷奢极欲和厚葬习俗进一步流行。“官取造器”，促使寿山石雕迅猛发展，雕刻技艺日趋成

图179
玉猪　东汉　2.8×11（cm）
1977年安徽省亳县董围村墓葬出土
安徽省亳县博物馆藏

图180
玉猪　东晋　11×2.5（cm）
江苏省南京市中央门外郭家山墓葬出土
江苏省南京市博物馆藏

图181
寿山石猪　南朝　2×6（cm）
1954年福建省福州市仓山乐群路速成中学工地墓葬出土
福建博物院藏

图179

图180

图181

熟，逐步形成了独特的艺术风格。寿山石除进献宫廷、雕刻艺品外，还大量用于制作石俑。这些宋代墓葬出土的寿山石俑，为今天研究古代寿山石雕艺术提供了宝贵的实物资料。

寿山石俑始于北宋，到了南宋已经十分盛行。如：1966年在福州东郊金鸡山发掘南宋的一座嘉定元年(1208)贵族墓，出土寿山石俑就达百余件，大者高达30多厘米，小者不及4厘米。随葬的石俑放列棺椁两侧，以显示死者的身份和地位。

宋代寿山石殉葬品的品类主要有人物俑、动物俑和灵异俑三类。

人物俑　文吏、武士、差役、妇女和仙人等。多以菱形石料雕成，规格比较统一。文吏俑多为立像，头着冠帽，身着圆领长袍，双手拱胸持笏，大多是朝廷文职官员或阴间官吏的形象。武士俑头戴兜鍪，身披铠甲，执剑持刀或握各种兵器，膀粗颐满，备极英武。差役俑头戴幞头或巾帻帽，身着长袍或襦裳，双手拱胸或持盘执物，有的作跪拜姿态。妇女俑束髻或戴花冠、风帽，身着合领对襟衣及长裙，或穿长袍，脸型分短胖和瘦长两种，作持物或舞蹈状，反映出墓主生前起居生活中的奴婢形象。(图182—图184)

仙人俑　蒿里老翁、张仙人、李定度等，多是传说神话中杜撰的冥间神人形象。

动物俑　猪、羊、鸡、犬、马、鹿等，以及与人们生活关系密切的家畜、禽兽。除象征墓主日常生活之外，还有寓吉祥压胜之意，如鸡、犬石俑置于墓室，具镇守幽宅之职能。这些动物俑大小不一，造型生动，雕制简朴，具写实作风。(图185、图186)

灵异俑　各种神兽的题材取自古代神话，常见者有“四灵”俑，即青龙、白虎、朱雀和玄武。(图187）在古代它们分别代表东、西、南、北四个方位。《三辅黄图》云：“苍龙、白虎、朱雀、玄武，天之四灵，以定四方。”还有一种称作“墓龙”的人首蛇身俑，和“仪鱼”的人首鱼身俑，形象最为奇特。“人首蛇”首戴幞帽，背负山岩，身作蛇状，大概与古代闽越人的蛇崇拜传统有关。

综观两宋石俑，题材广泛，风格严谨，造型逼真，刀法简洁。用阴线刻画衣褶、纹饰，

图182

图182
执笏男俑　宋代
寿山石
福建博物院藏

图183
武士俑　宋代
寿山石
福建博物院藏

图184
女侍俑　宋代
寿山石
福建博物院藏

图183

图184

图185
猪俑　宋代
寿山石
福建博物院藏

图186
雀鸟俑　宋代
寿山石

图187
青龙俑　宋代
寿山石

图185

图187

辅以钻圆孔装饰背景。考证文献中关于“宋时故有坑，官取造器，居民苦之”和“宋坑造器，民劳百之”的记载，可知寿山石雕发展到宋代，技术队伍已经形成，并且设有相当规模的手工业作坊。雕刻内容包括石俑、器皿、玩赏品以及镶嵌各种杂器等。艺术匠师们在继承闽越艺术风格的基础上，吸收中原汉文化修养，创造出独具特色的雕刻艺术，将寿山石雕艺术推向一个崭新的阶段。

图186

图188　宋、元人物俑头部形象对比
①宋代男俑头像　②元代男俑头像　③宋代女俑头像　④元代女俑头像

图189　说唱女俑　元代　寿山石
1995年福建省福州市新店镇墓葬出土
福州市博物馆藏

图190　奉馔差役俑　元代　寿山石
1995年福建省福州市新店镇墓葬出土
福州市晋安区文管办藏

图191
凤鸟俑　元代
寿山石
福州市博物馆藏

3.明清石章钮饰与宫廷艺术

延至元明，使用寿山石俑殉葬的数量逐渐减少，其风格也改变了宋俑简朴粗犷的作风，既雄伟有力又刚柔相济，颇具天真烂漫之趣。许多石俑都经过磨光处理，表层显得明亮不留刀凿痕迹。1995年在福州市新店镇斗顶山、胭脂山等处元代贵族墓出土一批寿山石俑，包括人物、动物等类。人物更趋写实，形象生动。有一尊用红色高山石刻成的说唱艺伎女俑，头结双髻，身着长衫，两手置于胸前，神态毕肖，呼之欲出。动物俑有麒麟、天马、苍龙、凤凰等神兽以及猪、鹿、虎等，技法娴熟，富有装饰趣味。(图188—图191)

这个时期的传世艺术品，由于年代久远，已难觅寻，偶见于博物馆或私家收藏者，也多是文房雅玩之物。

元、明之际，寿山石脂润雅洁的天生丽质开始被文人墨客所发现，并被作为印材引进到篆刻领域，书画家自刻印章蔚然成风。寿山石以其“莹洁如玉，柔而易攻”的特质，广受艺林的推崇。

古今印学论著皆称元末画家王冕创用“花乳石”治印，遂使石质印章流行于世。明郎瑛《七修类稿》载：“图书古人皆以铜铸，至元末会稽王冕始以花乳石刻之。”戴启伟《啸月楼印赏》亦云：“青田、寿山、昌化等石，自元人王冕创始利用。”自从印章材料改用石质和文人治印之风的兴起，促使寿山石雕在印钮雕刻方面得以长足发展。艺人们在继承古代玉玺、铜印的钮饰传统艺术基础上，充分发挥寿山石的自身特色，创造出独特的印钮风格。中国国家博物馆和福建省泉州市文物管理委员会各收藏一枚明代思想家李贽的遗印，印章高7.3厘米，宽3.4厘米，寿山柳坪石质，钮刻单狮，蹲坐侧首，脸形略呈方平，背脊刻画阴纹，鬓、毛、发均开丝修饰。(图192)

寿山石印章不但受到金石家青睐，在民间广为流行，还被地方官吏当作贡品进献宫廷。

图193

图192

图194

图192
狮钮方章　明代
(篆刻《卓吾》)
柳坪石
7.3×3.4×3.4 (cm)
福建省泉州市文管会藏

图193
兽钮方形玺　明代
(篆刻《皇帝之宝》)
寿山石
4.8×3.8×3.8 (cm)
北京故宫博物院藏

图194
母子狮钮方章　清康熙
(篆刻《圆明主人》
和硕雍亲王用印)
白芙蓉石
7.7×3.8×3.8 (cm)
北京故宫博物院藏

图195
覆瓦群螭钮夔龙纹边方形玺
清雍正
(篆刻《雍正御笔》)
寿山石
15×13.2×13.2 (cm)
北京故宫博物院藏

据载，明代皇帝曾经大量使用寿山石刻制“御用宝玺”，可惜这些宝物多在兵灾战乱中散失损毁，传世无几。现藏北京故宫博物院的明代皇帝寿山石宝玺，虽然石质比不上清代佳丽，亦属稀世之宝。如：

《皇帝之宝》高4.8厘米，宽3.8厘米，方形，瑞兽钮，是皇上诏与敕圣旨所用。(图193)

《御前之宝》高3.2厘米，宽4.3厘米，方形，螭钮，是宫中库藏箱锁用玺。

此外尚有《文华殿宝》《清宁宫图书》等宫殿名玺；《协和万邦》《亲贤宝极》等吉语章，以及《阿弥陀佛》《观音菩萨》等图形印，用途甚广。

这些御用宝玺的印式和钮雕都具有鲜明的明代皇家宫廷特点，也反映出当时的寿山石印钮艺术风格。

图195

图196

清代以降，寿山石雕艺术更臻辉煌，突破前代单调呆板的格调，变得更加生动活泼，富有韵趣，品种丰富，制作精良，显示出工艺细腻的特点。至此，寿山石雕已经提升为高层次的文化艺术品，突出表现在宫廷艺术和民间欣赏两大领域范畴。

自康熙年间大量寿山石及其雕刻品进入皇宫，供帝王赏玩或由造办处刻作御用玺印后，寿山石身价扶摇直上。特别是康、雍、乾三朝皇帝更有收藏寿山石的雅好，寿山石雕成了宫廷艺术的一个重要部分，其收藏和雕制进入全盛时期。（图194—图196）

福建地方官吏，除每年进贡大批美轮美奂的寿山石雕外，还时常搜罗名贵石料送京供宫廷使用。清宫造办处是专为皇宫制造御用品的场所，工匠经由地方官府推荐入宫，多身怀绝技。他们按照皇帝旨意进行制作，像寿山石玺印、雕件之类艺术珍品，不少还需先设计多种

图196
山岩夔龙钮长方形玺　清嘉庆
寿山石
（篆刻《嘉庆尊亲之宝》）
17.8×9.7×9.3（cm）
北京故宫博物院藏

纸件，呈请皇帝“圣览”后才行动工。不惜工本，一味求精，呈现出浓厚的皇家气质和鲜明的艺术特色。迄今，我们可以在北京和台北两地故宫博物院里见到大量的寿山石艺术品，内容主要有玺印、圆雕和嵌饰器具等三个方面。

清代寿山石质的帝王宝玺，初见于康熙时期。玄烨是一位有作为的君主，他在稳定政局、发展经济的同时，又努力钻研汉文化。雍正虽然当朝只有十三载，但是早在当皇子时，他就对寿山石情有独钟，并且喜欢亲自监制，一丝不苟，一生收藏数量可观的寿山石印玺及把玩艺品。乾隆皇帝弘历更是一生儒雅风流，在位60年，退位后又当了三年太上皇，玩赏寿山石的嗜好比起父、祖辈有过之而无不及。不但有工匠之作，也有文人墨客参与设计。品类之多，雕艺之精，堪称清代之冠，达到历史的巅峰。

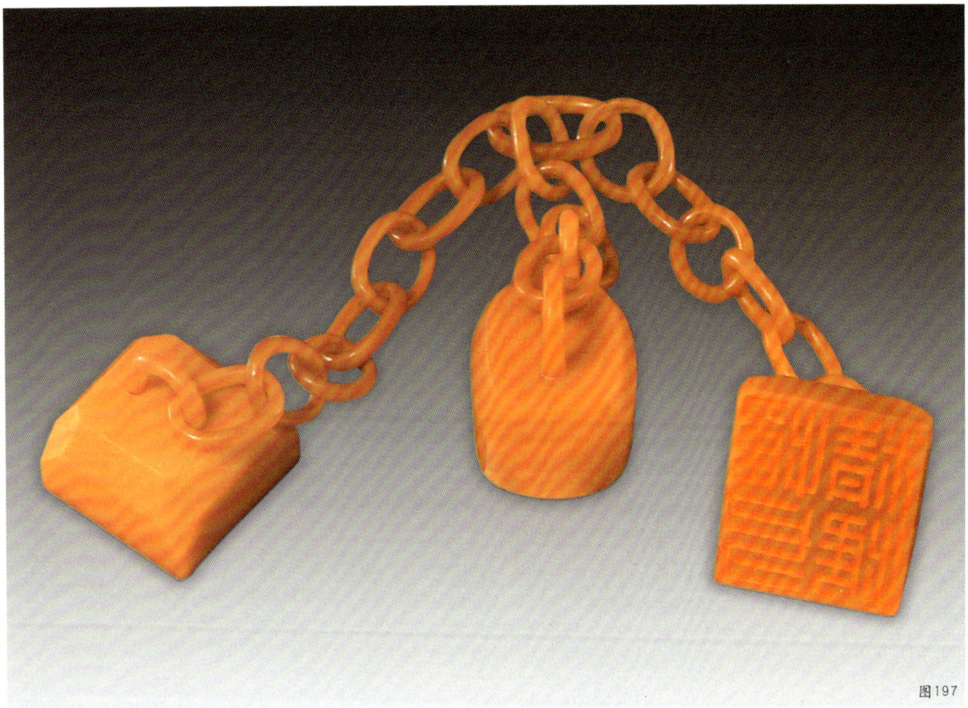

图197

图197
三链章　清乾隆
田黄石
北京故宫博物院藏

图198
三链章　清代
黄玉
台北故宫博物院藏

北京故宫博物院收藏一件乾隆当太上皇时的珍爱印宝“三链章”，是用一块大田黄石为材料，刻成三条石链各连一方覆斗台环钮印章。左、右两印为方形，边长2.6厘米，印面分别篆“乾隆宸翰”和“惟精惟一”；中为2.3厘米×3厘米椭圆印，印面篆“乐天”并饰龙纹。真是无独有偶，在台湾故宫博物院里也藏有同时代的一件黄玉“三链章”，不但形制相同而且大小规格也相近，两者技艺手法同出一辙（图197、图198）。另据民国刘大同《古玉辨》记载：“见友人廉南湖存有清乾隆御用一田黄石印，色如脱胎古玉，三绳联环钮，长约盈尺，下垂三印，其小异常，精品也，古玉印未见有此式。”此外，在20世纪30年代，故宫武英殿也曾陈列过一对田黄印玺，一大一小，钮刻苍龙，龙口含链条使二印相连。以上链环印玺都显示出匠师们的聪明智慧和高超的技艺水平。

图198

图199
伏虎罗汉像　清康熙
高山石　8×7.2×4.3（cm）
魏开通作　　北京故宫博物院藏

图200
乾隆宸翰兽钮方形玺　清乾隆
朱砂红高山石　6.5×5.6×5.6（cm）
北京故宫博物院藏

图201
鸳锦云章之一　三狮钮方章　清代
田黄石　6.8×4.5×4.5（cm）
台北故宫博物院藏

图199

图200

图201

圆雕分摆件和饰件两类，即室内陈设品和随身把玩品。多由地方官吏进贡，也有的是皇帝亲自监制，以杨璇、周彬和魏开通等人雕作最具特色。他们的作品受到儒家、佛教和道教思想的影响，内容多带宗教色彩。选材精良，巧用俏色，借助石料自然形状造型，善于刻画对象神态，有时还用珍珠、珊瑚及彩石镶嵌衣饰。人物眼、眉、须、发及衣饰染墨点朱，于细微处精心雕琢。其风格对后世产生极大的影响，推动了近现代寿山石雕艺术的进步和发展。

北京故宫博物院和台北故宫博物院收藏清宫寿山石雕十分丰富（图199—图201）。如：杨璇的《田黄石雕观音像》，取橘皮色田黄冻石为材料，充分利用通灵纯净、晶莹透澈的特质，雕刻一尊带冠观世音立像；右手提飘带，左手执瓶，足踏水浪，冠顶及缨络嵌宝石珠；底座配六角形木雕及木质背光。神态端庄，迫似石窟造像。周彬的《田黄石雕弥勒像》，色如熟栗，质地透明，依石形刻一坐式弥勒佛；袒胸赤足，昂首嘻笑，左手按于膝部，右手抓一布袋，造型淳朴，刀法简练；衣袖、布袋饰以精细阴线锦纹。魏开通的《寿山石雕伏虎罗汉像》，选用一块桃花红高山石雕刻罗汉身躯及身边卧虎，再嵌上白色石料刻成的人首及手掌，须发、眼眉阴刻染墨，衣纹、虎斑染墨涂金。以上三件均出自清康熙间的名师之手，虽然作品艺术表现手法迥异，但都富有强烈的时代特征。

此外，芙蓉石《太白醉酒》和高山石《达摩过江》等，则造型优美，刻制精细，反映出晚清的寿山石雕风格。

我国玉石镶嵌器具工艺，早在唐代已经流行，发展到清代更为普遍，技艺精巧。清宫中寿山石嵌制的家具、艺品亦为历代所罕见，例如《寿山石镶嵌围屏》常用作殿堂陈设。另有一座《伽楠香木嵌石罗汉山子》，高90厘米、宽70厘米、厚60厘米，在木刻的山崖间嵌缀各种寿山石雕刻成的圆雕罗汉、观音以及童子等人物，构成一幅场面壮观的佛国图景。

寿山石雕在供奉宫廷的同时,也大量应用到民间日常生活的各个方面，或不假雕琢而成天然造型，适合多宝槅陈设和几榻把弄，或镂刻追琢与宝石、珊瑚同嵌器具，或杂镂人兽瓶盂。正如《观石录》所云："大者凿鞍辔，小者为鞞珌。"而更多的则是大量用于制作印章。钮雕内容广泛，有走兽、花鸟、人物、博古等数十种；钮雕风格有质朴、敦厚、简练，亦有精雕细琢，追求华丽，或是取两者之长，兼工带写，迎合了不同阶层的藏家爱好。(图202—图208)

图202
罗汉坐像　清代
寿山石
18×20（cm）
台北历史博物馆藏

图203
清代名家篆刻寿山石印章
浙江省博物馆藏

图202

图203

图204
山水人物钮方章　清代
白芙蓉石
8×3.2×3.2（cm）
福建省工艺美术珍品馆藏

图204

清代寿山石雕以小巧雕品风靡一时，艺人们极玲珑之能事，巧借天然，随物造型，无论圆雕、浮雕或是印章钮雕都十分精微细腻，蕴含着浓郁的诗情画意。

清代也是高手辈出、流派纷呈的年代。康熙间的杨璇、周彬，技艺冠绝当时，开创寿山石雕艺术新的里程碑。嗣后又有董沧门、奕天、妙巷鉴等人，均以擅刻印钮闻名于世。至同治、光绪年间，由潘玉茂、林谦培二人承杨、周遗法各立门派，形成寿山石雕艺术风格上的“西门”与“东门”两大流派。（图209—图211）

图205　西泠八家篆刻寿山石章

藕厓道人寂善之印
丁敬治印

翁承高印
蒋仁治印

潜云
黄易治印

庵罗庵主
奚冈治印

藕舲启事
陈豫钟治印

蝉蜕俗学之市
陈鸿寿治印

周澹岩珍藏印
赵之琛治印

黄鞠长寿
钱松治印

图206
番人洗象钮对章　清代
红高山石
每方 9×3.5×3.5（cm）
福建省工艺美术珍品馆藏

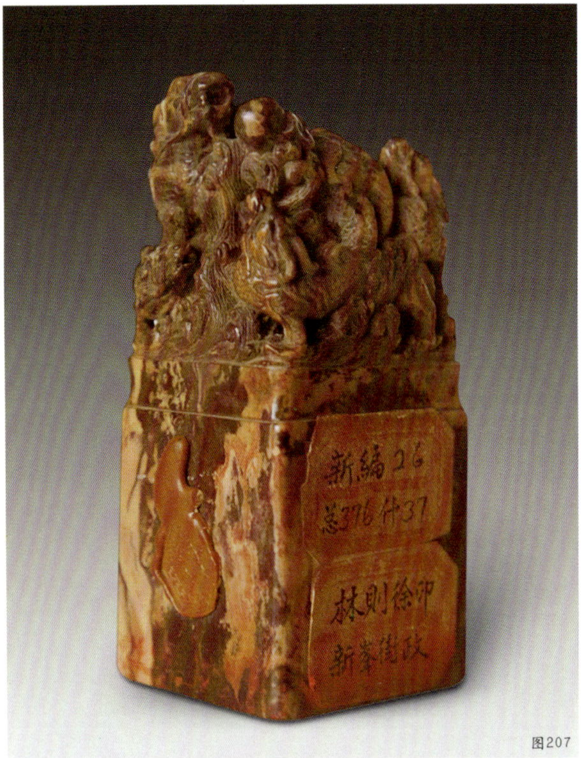

图207

图209

图207
群龙戏珠钮方章　清道光
(林则徐用印)
柳坪紫石
10.5×4.6×4.6 (cm)

图208
观音送子　清代
高山石
17×10.5×17 (cm)

图209
浅浮雕山水方章　晚清
白半山石
7×2.7×2.7 (cm)
西门流派作品

图208

图210

图210
东方朔　晚清
半山石
22×12×6.5（cm）
东门流派作品

图211
渔翁得利　晚清
柳坪紫石
9.5×5×2（cm）
东门流派出口石雕

图211

图212
三狮钮对章　“民国
白高山石
福建博物院藏

图213
三螭钮回纹边对章　“民国”
白高山石
每方 7×4×4（cm）
福建省工艺美术珍品馆藏

4．20世纪的繁荣

清代末期，王室衰落，宫中用品已不复精致，同治、光绪御玺制作亦显粗糙。慈禧太后垂廉听政时曾特制一枚高12厘米、宽10.4厘米的寿山石方形玺，顶刻一只凤凰盘翔云间，印体四面随形布置山景，并于一悬崖中雕一瑞兽。这种别出心裁不合祖制的钮式，在清代后妃用印中是绝无仅有的。其用意跟她死后陵墓隆恩殿前那块“凤压龙”图案的丹陛石一样，都是她操掌政权野心的表露。

清末“民初”，新旧朝代更替期间，寿山石雕依然受到遗老遗少和“民国”新贵的青睐，收藏意欲有增无减。同时，自鸦片战争后，中国自给自足的自然经济随之解体，作为“五口通商”口岸之一的福州，对外贸易活跃，寿山石雕也为适应海外市场的需求，大量制作适销产品通过马尾港出口各国。在这样的历史背景下，寿山石雕流派风格得到迅速发展。(图212—图216)

“西门派”由潘玉茂及其从弟玉进、玉泉在侯官县(今福州市)西郊凤尾乡传播技艺。以雕制印章及文玩为主，有兽钮、薄意、线刻和平首博古浮雕等各种技法，钮雕依形就势，端庄稳重，刀法圆浑，不留棱角，讲究手感。薄意雕刻以清雅逸致、潇洒超脱而见称，备受文人雅士所推崇。二三十年代活跃于艺坛的林文宝、林清卿和陈可铣，都是这一流派的著名艺人。

“东门派”经林谦培的门人林元珠在家乡闽县(今福州市)东门后屿乡一带授徒传艺，很快就发展成一支庞大的从业队伍，雕刻品种十分丰富，除印章之外，大量是圆雕陈列品，主要供应国内外市场。作品精巧玲珑，矫健秀丽，雕镂结合，刀法工整，富有装饰效果。技艺多在父子、兄弟等家族中传承，如林元珠传弟元水、子友琛，林友琛再传子寿煁等。在异姓门人中，也出现了郑仁蛟、黄恒颂和周宝庭等出类拔萃的名师。

1937年抗日战争爆发，交通阻塞，海运不通，寿山石雕业景况萧条，艺人纷纷改行，直到50年代初始渐渐恢复生机。

图214
三羊钮方章　“民国”
高山冻石
福建博物院藏

图215
狻猊钮方章　“民国”
黄芙蓉石
5.3×2.6×2.6 (cm)

图216
竹节随形章　“民国”
掘性高山冻石
5×3.5×2.3 (cm)

图212

图213

图214

图215

图216

中华人民共和国成立之初，为发掘、保护传统手工艺，中央文化部、华东行政区文化部派员来闽征集濒临失传的工艺珍品，其中包括林清卿的遗作《薄意雕桃李图》等一批石雕佳作，并在1951年“首届福建省民间艺术观摩会”上展出。1954年，林寿煁、郭功森、周宝庭、黄恒颂等艺人创作的寿山石雕参加在苏联及东欧等十几个国家举办的“中国工艺美术展览会”，其中林寿煁的《八鹅八燕笔筒》被莫斯科普希金造型艺术博物馆收藏。嗣后，在东门流派的发祥地“后屿乡”，由十数位石雕艺人组织的“石刻生产小组”和西门流派艺人合办的“石章供销小组”相继成立。至1958年经合并扩充，正式成立颇具规模的专业生产企业——福州石雕厂。

五六十年代的寿山石雕，以生产内外销雕刻品为主，品种有印章和圆雕人物、动物等。

图217

图217
天安门和平鸽图案瓶
黄旗降石
20×10×5（cm）
郭功森作
福建省工艺美术珍品馆藏

图218
浮雕稻香千里插屏
巧色旗降石
24×28×10（cm）
林寿煁作
福建省工艺美术珍品馆藏

图218

以销定产，各艺术流派逐渐合流。同时又给予有造诣的老艺人、青年技术人员良好的创作环境，发挥各自专长，并对有成就的艺术家授以各种荣誉称号和选送美术院校深造培养。如陈敬祥的《求偶鸡》、郭功森的《九鲤连环卣》和林寿煁的《寿山石镶嵌挂连》等大批创新作品参加国内外展览博得好评。(图217、图218)

“文化大革命”初期，在寿山石雕中，才子佳人、帝王将相之类“四旧”题材不许雕刻，取而代之的是工农兵形象和动物、花果等题材。70年代冯久和等创作的《花果累累》以及福州雕刻厂集体创作的《长征组雕》《闽西组雕》等大型寿山石雕作品，格调新颖，时代气息浓厚，赢得很高荣誉，分别由国家博物馆收藏。(图219、图220)

步入80年代，在改革开放的新形势下，寿山石雕艺术绽放出新的光彩。自1981年始，在

图219

历届全国工艺美术品“百花奖”评比中，林寿煁的《田黄冻石薄意三件(套)》、周宝庭的《二十八兽印章》和林亨云的《海底世界》等三件作品荣获“金杯(珍品)奖”，另有数十件石雕获得不同奖项。福州石雕厂《金桃牌》寿山石雕获得“国家银杯奖”，罗源雕刻厂《三友牌》寿山石雕获得“轻工业部优质产品奖”。先后有郭功森、周宝庭、林亨云和冯久和等11人获“中国工艺美术大师”称号，省、市政府也授予数十名石雕艺术家各种荣誉称号。

在商品经济的浪潮中，寿山石雕这一老古的艺术为适应国内外收藏市场的变化，开始打破过去工业生产的模式，新型的家庭作坊、专业户和个人创作室，如雨后春笋，遍布榕城。从业队伍不断壮大，艺术创作空前繁荣，既有继承传统的技法，也有博采各家之长，自成风格，更有吸取姐妹艺术养分大胆创新，进入了艺术创作多元化和交融的新时期。

图219
长征组雕之一　过雪山
巧色高山石
福州雕刻厂《长征组雕》创作组
北京中国人民革命军事博物馆藏

图220
鸟鸣花果艳
巧色高山石
冯久和作

图220

二、作品鉴识

鉴购寿山石雕艺术品的时候，不但要正确辨别其材质的石种和品质，而且还必须弄清楚它的创作年代以及出自何人之手，并以此作为评估它的艺术价值和收藏价值的重要依据。鉴定作品一般先确定年代，再研究作者风格，而这两项又是相辅相成、互相联系的。

1. 创作年代判断

许多寿山石收藏家都有崇尚“旧品”的心理。清黄任《寿山石》诗云：“吾之所宝在求旧，元气贯注同甄陶。盖其肌理久逾腻，其色绚烂其光韬。”加之岁月沧桑，古旧之物愈加稀少，自然更具升值的潜力。

若想准确判断一件石雕的年代，必须从材质、造型、风格、刀法等方面周密鉴察，分析比较，识别真伪。

(1)质料的开采时期

寿山石的开采与利用已有逾千年的历史，在此漫长的岁月中，各品种的开发年代有先有后，而且有些石种在某一个时期还会产竭停采。即使同一矿脉或矿洞出产的石材，在不同的时间里也各有特征，可见，对作品石料鉴定的重要性是自不待言。在此不妨对历代开采情况作简要回顾。

宋代是寿山石开采的第一个高潮期。宋梁克家《三山志》所载“五花石坑”以及极力推崇的“艾绿”，究竟坑洞在何处，有何特征，迄今尚是一个“谜”。不过，从大量有确凿年代考据的宋墓中出土的寿山石俑研究，绝大多数是老岭石质和猴柴磹石质。此外，尚有少量高山石质的小雕刻品。古人所云“艾绿”或已绝迹，近世藏家皆将月尾石中色如老艾之叶者称为“艾叶绿”。

元、明两代采矿主要由农民和住寺僧侣所为，产量低微，多用作雕制印章。限于财力人工，采石地点也仅在邻近“广应院”及村舍田园的山野。从传世实物以及“寺坪石”的质地分析，有坑头石、高山石、狮头石以及田坑石等，但块度都比较小。

清代初年，寿山石开采业再掀高潮。据文献记载，采石最盛、产量最多是在康熙年间，曾出现“日役一二百人，环山二十里，邱陇亩亩，皆变易处”的盛景。那时，田坑、水坑和山坑均已全面开发。可是由于采掘无度，导致“掘田田尽废，凿山山为空”，以至“别穿岩穴开芙蓉”。当芙蓉石初产之时，石质尚较粗劣，价格亦低廉，不为藏家所珍重。据王士禛《香祖笔记》称：“(芙蓉山石)无复宝色，其价亦不及寿山五分之一矣。”直至乾隆年间“将军洞芙蓉石”问世，芙蓉石始跻身名品之列。北京故宫博物院收藏的康、雍二帝御玺中，芙蓉石质为数不少，但大都材巨而质粗，远不及乾隆时纯粹，此足可说明“斧凿日久，山脉枯竭”的状况。(图221)

乾隆当朝期间，寿山石开采又现兴盛，据郑杰《闽中录·寿山石谱》记载就有田黄石、白田石、水洞石、艾绿石、党洋石、高山石、都成坑石、芙蓉名石、月尾石、旗降石等十余个品种。到了道光年间都成坑石大量出产，质色俱佳，得到藏家青睐。同治时“连江黄石”崭露头角，起初不为人们认识，常被误以“田石”而珍之。

20世纪初，寿山石品种不断丰富，发展到30年代，见于书志者多达六七十种名目，著名者有尼姑楼石、琪源洞都成坑石、太极头石、嫩嫩洞高山石以及圭贝石等。旗降石早期石质粗硬且多砂，至1947年开辟新洞，石质始转细润，故有旗降、焓红粗细之分。

从50年代开始，寿山石矿归农业社集体经营，开采石种相对集中，主要为高山石、旗降石、柳坪石、老岭石等。70年代重凿水坑洞，出产水晶冻石若干，又新增峨眉石等新石种。延至80年代，由于经济体制的变化，个体开洞采石再度活跃，出现了历史上的第三个高潮。

80年代初，挖掘田石之风再度掀起，人数最多时竟达百人之众。荒废近半个世纪的老

图221

图221
神像　清代
半粗石
18.3×13×8（cm）

洞，如善伯洞、芙蓉洞、月尾洞、吊笕洞等也逐步恢复。近20多年来还新辟了不少新矿洞，如荔枝洞石、鸡母窝石、鲎箕石、马背石、山秀园石、汶洋石、黄枣冻石以及方田仔花坑石等，不一枚举。

同一石种在不同时间开采的石质也往往会有区别，以善伯洞石为例，“善伯洞石”是以开矿者命名的石种，约在清咸丰、同治年间有位名叫善伯的石农，因开矿时洞塌身亡，故名。此后百年间未行大规模开采，直至20世纪先后几次重行开发，石质纯洁莹润，肌理隐含“金砂地”。后来随着矿洞的不断深入，石质渐变灰暗凝腻，少见“金沙”。鉴藏家通常将不同的历史时期出产的寿山石分为旧洞、新洞，以示年代区别。

在众多的寿山石种中，有些矿层深厚，开发较早，故产石期较长久。如高山石、老岭石，自宋至今，千年不断。而不少石种则是时断时续或者绝产后坑陷洞塌，不复再出。如水坑冻石，自清代后期停采后，仅分别在20世纪的30年代、70年代和80年代三段时间里有过小规模采石。而闻名遐迩的“将军洞芙蓉石”，自乾隆年间洞陷至今，一直未见再出，故传世者皆为数百年前古品，弥足珍贵。

毋庸置疑，研究不同石品的开发历史，对于鉴定雕刻年代是至关重要的。一旦石雕材料的品种及其出产时间得以确定之后，当可作为判断作品创作年代和识假辨真的证据。譬如见到一件荔枝冻石刻成的薄意，有人告诉你这是林清卿的真迹，那么只需单凭石材的开发年代就可以肯定它为“赝品”。因为林氏卒于1948年，而荔枝洞是在它去世后的30多年才开凿的。同样，也不会出现林友琛、黄恒颂用“汶洋石”为原料雕刻的石雕作品。

这里，要特别提醒鉴赏者注意的是，有旧石新雕或旧作改刻两种情况存在。所谓“旧石新雕”就是今人使用古旧寿山石进行雕刻；“旧作改刻”则是利用古代石雕作品加以改刻修补。比如一枚传世的“将军洞芙蓉石”印章，因为钮雕损缺，后人取之重新雕制成品。对此，鉴者就不能简单武断地将其断定为清代作品。

图222
母子角端钮方章 清代
善伯洞石
5.7×2.3×2.3（cm）

图223
双螭戏球钮椭圆章
焓红石（经熏烟仿古处理）
2.8×7×3.1（cm）

古旧印材或许会被后人重新刻钮，然而后世新出的石品，绝不可能会有前代艺人的钮雕。因此，以质料的年代来断定作品创作时间的下限，是可靠准确的。

(2)石雕的历史痕迹

古旧寿山石雕，无论是出土，或是传世，都不可避免地会留下历史的痕迹。凡出土的寿山石俑，皆带枯槁之色，土锈之痕，石质也变得松脆易迸。有时在石表的某些部位还会出现因氧化铁浸蚀而产生的铁褐色斑痕，俗称“铁锈”。年代愈久，锈斑也会愈加明显。传世艺品历经长时间的抚弄摩挲，陈列摆设，外表必定会出现“包浆”。鉴定者只需透过石雕包浆的程度便可以估计到作品的大体年代。(图222)

“包浆”是寿山石长期与空气接触后产生氧化作用，加之藏家把玩，渗染油质而形成的色质特征。其价值是新石难以企及的，同时也是辨认古旧品的重要依据。当然，不同的石品质地和不同的保养方法，对旧藏石雕都会产生不同的影响。比如：芙蓉石历久绝难保持原有洁白细嫩，而旗降石则石性相对稳定，能较长时间地保持原貌；高山石假如经常油养，大多会通灵莹澈，倘若保管不慎，自然容易燥裂。故鉴定时应该深入洞察，严谨分析，才能得出正确的结论。

古旧寿山石雕作为“古董”流于市面，成了藏家的追捧对象。于是一些牟利之徒，利用买家“嗜古”之心，采取种种手段将新石经过处理假冒古旧藏品，有的作旧技术还相当精到，几可乱真。然而，魔高一尺，道高一丈，鉴者若能用心研究，知晓作假方法，终能看出破绽。

仿古造旧手段五花八门，最常见者有抹土、染色、熏烟和浸油四种。

抹土法　多用于伪制出土古石雕。作伪者用新石仿制古代作品，然后将其埋入湿土中，或者以人工涂抹土锈，以混埋藏痕迹。人造锈斑则多用色浸，但无法渗透肌理，仅能浮于外表。

图222

图223

染色法 染色仿古兴于清代乾隆年间，陈克恕《篆刻针度》记：“今欲得旧产者甚艰，近时所出，乃芙蓉岩新石，居民以此为业，制钮煮色，伪作旧石以售，至有假他山之石以乱真者。”这种使用蒸煮办法将颜色染于石面，难于渗入肌理，日久渐退，其色相也往往显得浮浅，不够古朴苍老。

熏烟法 使用熏烟仿旧之法约始于清代中叶。起初这种以焚香的办法将石熏成古香古色，仅是为着借助烟油起到保护石质的作用，并不存假石蒙骗藏家之心。然而传到后世却被作伪者妄加利用，以新充旧。前者不失是一种艺术处理手段，而后者则是蓄意作伪，牟利欺人，两者动机完全不同。

经过油烟熏过的石质，骤视之，颇似“包浆”，但只不过是涂敷石表的一层油气，远不及天然包浆滋润古朴，且火气充溢，油垢残留，鱼目终难混珠。(图223)

浸油法 是将新石长时间浸泡于油中，让油脂渗透肌理而后当作旧石出售。其实泡油之石，油气重，欠火候，离油一段时间便现原形，与旧石历经长年滋润的效果毕竟不同，岂能逃过行家的火眼金睛。

石章的仿古处理由来已久，据文献记载：明代著名书画篆刻家文彭“刻石章完，必置之椟中，令童子尽力摇之”；还有陈太学士“以石章掷地数次，得以剥落，有古色”。这种人为制造破损残缺以求古意的做法，后世也被用来伪造古印。

此外，传统的“煨乌”和“煅红”二种高温煅烧改色技术，作伪者有时也妄加利用。

寿山石雕的煨煅技术已具数百年的历史，相传文彭治印之后因怕后人磨砻重刻，常常将石章置火炉上煅烧遂使石面变成铁色或乌黑色，藏家称为“石经火”。

“煨乌”是利用稻壳燃着之后所产生的油烟熏染石表，使石中水分蒸发，石色亦借热而变乌黑如漆。过去多用于印章、把玩品，效果颇佳，大型石雕往往因火候问题而出现掩白或色泽不均等现象。近人常在石面抹涂油脂后再行煅烧，则无此弊。

图224
随形顶方章
高山石（经人工煨煅改色）

“煅红”是使用煅烧的方法，使石中的二价铁离子氧化成三价铁离子，将原先浅黄、浅绛色变得鲜红浓艳。欲将白色的石面煅烧为红色，则先蘸一层硝酸亚铁溶液，然后再进行加温，亦可达到相同的效果。(图224)

煨烧改色不同于一般仿古染色，它是通过高温煅烧导致寿山石表层的化学成分产生变化而出现的色泽。不沾手，不褪色，但是色层很薄，里层依然如旧，所以都只能在雕制完成之后方行煅烧。同时，雕件长时期搁置于高温之中，石中结晶水损失，质地变得坚硬酥脆，失却原有的温润可人。这种得不偿失的做法实在不值得提倡。

(3)作品的时代特征

艺术是一定时代的产物，与它所处的社会政治、经济、文化以及民俗风尚等方面都有着密切的关联。尽管同代艺术家们的创作各有自己的艺术风格与表现手法，但是总离不开其共同的“时代特征”。因此，熟悉各历史时期和不同阶段的艺术特征及其发展演变过程，对鉴赏者来说是至关重要的。

南北朝时期的寿山石雕尚处初创阶段，与中原汉文化的特征是一脉相承的。唐代的石雕与当时兴盛的佛教相结合，佛像、念珠之类传教用器成了那个年代的雕刻主流。宋代文化中心的南移，推动了寿山石雕艺术的蓬勃发展，我们可以从那些出土的宋俑中看到粗犷豪放的作风。元明两代寿山石开始用于制作印章，古朴雅致的钮雕艺术最富代表性，并随着时代的推进，从明代的质拙浑朴到康熙的高穆清雅、乾隆的纤细精巧，直到晚清演变成“东门”与“西门”两大艺术流派。

有关东门、西门艺术流派的产生和发展概状，在本书前文已作介绍，此不赘述。两派风格特色简而言之，主要在于精与简、工与拙、雅与俗之分，“东门”的精巧纤细和“西门”的古拙浑朴，各臻其妙。

有些寿山石雕常见的题材，也因为年代的不同而体现各自风格。以观音形象为例，观音原是佛教大乘菩萨之一，自佛教传入中国后，成了家喻户晓的膜拜对象，数百年来一直是寿山石雕的重要雕刻题材，名家高手代不乏人。清初寿山石雕刻的观音多作立相，仪态大方，面部圆润，双耳长垂，头戴帽冠，嵌缀石珠，显得庄严神妙。晚清的观音形象，“女相”愈显突出，表现“观音送子”之类民间喜闻乐见的内容也逐渐增多。束发结髻，双唇点朱，眉发染墨，衣饰华缛。形态雍容大度，慈祥和霭。现代创作的观音清秀俊逸，胸佩缨络，头披布巾，衣袖宽大，以流畅简洁的表现手法，塑造出脱俗而又可亲的形象。(图225)

“古狮”是寿山石章中长盛不衰的钮式，其形象也是随着时代而不断演化：明时庄严威武，脸形方正，神态淳朴，粗犴有力；到了清代，狮钮形象渐渐变得拟人化、宠物化，圆脸大鼻，瞪眼有神，毛发卷曲，开丝精细，威猛中蕴含稚气。

图225
不同年代、作者刻画观音面相风格
①清康熙　杨璇作
②清代　佚名
③现代　黄信开作
④现代　王乃杰作
⑤当代　姜海天作
⑥当代　王祖光作
⑦当代　郭英作
⑧当代　丁梅卿作
⑨当代　王铨俤作

图226
古狮面谱各式
①周宝庭作
②黄恒颂作
③王炎铨作
④林元庆作
⑤林永源作

图227
心月同光　吴昌硕篆刻
边款：石为周尚均所作，尤当珍图视之

图228
寿山石母子狮钮方章　清代
10×4×4（cm）
赵之谦篆刻　鉴古堂及边款

图227

现代艺人刻狮，更赋予民间喜庆吉祥的情调，造型多变，表情丰富，有立、蹲、卧、滚各式，或衔珠，或戏球，或抓耳，或弹足，皆风趣可爱。(图226)

图226①

图226②

图226③

图226④

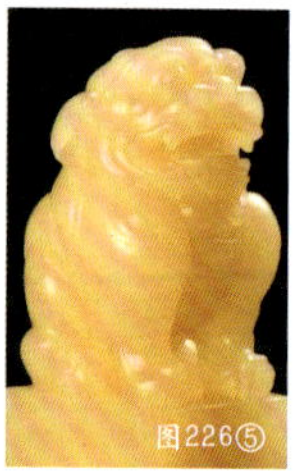
图226⑤

古今雕刻方法及使用工具的不同，也是时代特征产生的重要因素，如宋时多用钢锯、平刀和圆钻，艺人凭借丰富的想象力，运用抽象的表现手法，以阴线和钻孔刻画形象。明清时期雕刻刀具有很大的改进，锉、凿和各式修光刀的大量应用，作品的艺术效果自然与前代大相径庭。近半个世纪以来雕刻工具不断革新，特别是引入各种机械器具后，电动刀具留在作品中的痕迹也是不可避免的。了解雕刻工具的演变，能为鉴定提供辅助依据。

另外，对于各个时期寿山石雕作品的后期磨光处理和所用材料情况，也是不容忽视的。宋元石雕大都不加磨光，故刀痕毕露。明代始有简单的磨光技术，但粗略不精。清初，对寿山石雕刻品的磨光已经相当讲究，鉴藏家认为抛光不好，露不出温润的石质，会使寿山石雕艺术魅力大减。高兆在所著

图228

《观石录》中，对磨光术曾作过详细的介绍："石初剖，须琉球砺石磋之。既磋，磨以金阊官砖。磨竟，以水浸槲叶纵横揩拭，无有遗恨。然后取麑韡，平置几案，运石韡上，徐发其光"。康熙年间对磨光的重视，可见一斑。清代后期，由于材料来源的困难，渐以木贼草、冬稻茎、漆砖取代槲叶。民国初年为适应市场需求，又出现用上蜡的办法简化揩光程序。数十年来，水砂纸的普遍使用，自然对磨光的效果也会起到一定的影响。这些光泽度上的细微差别，表面上看起来并不十分明显，唯有仔细琢磨品味就能感觉到润泽度的差别，行家称谓"水头"。

(4)通过篆刻印证石章年代

明清以来，寿山石印章在收藏界广为流传，珍品佳石一经名家篆刻款识，身价百倍。吴昌硕在所篆《心月同光》印章边款记道："石为周尚均所作，尤当珍图视之。"这无形中给钮雕作了鉴定。(图227)

用篆刻作者的生活时代或镌刻日期来印证石章雕制年代下限，是比较可靠的。例如浙江省君匋艺术院收藏一枚高10厘米、宽4厘米的《太师少师》钮寿山石章，由赵之谦篆刻朱文《鉴古堂》三字。印体四侧边款长达170字，详细记述为友人魏稼孙刻居室《鉴古堂》印的经过，末署日期为同治纪元壬戌九月。此时正值赵之谦34岁，刚从福州赴温州不久。由此推测，该石章的年代不会迟于清同治元年（图228）。固然古旧石章在收藏期间原篆刻有可能被人削磨重刻过，但是也只有今人刻旧石，绝不可能古人刻新章。当然，以篆刻作为鉴定石章年代依据的时候，应该具备一个前提，即篆刻作者的认定必须准确，必要时可请教这方面的专家。若遇收入名家谱录的印章，就更具收藏价值。石章的篆刻作者一旦被证实，那么，印材雕刻的时间问题也随之迎刃而解，它只能是同时代或者是更早，而不可能在篆刻家卒年之后。

此外，对于一时难于鉴别治印者的石章，也可以从篆刻印面的钤盖磨损程度以及留存在印文暗处的印泥残迹作为辅助依据来估计石章的大体年代。

图229
弥勒形象例举
①清康熙　杨璇作
②清康熙　周彬作
③已故名师　林炳生作
④当代大师　林发述作

图229①

图229②

图229③

图229④

图230
东、西门流派薄意艺术风格比照
①林清卿　柳荫双鹅
②林寿堪　梅丛双鹅

图231
螭虎钮式
①滚螭钮　陈可铣作
②双螭穿环钮　周宝庭作

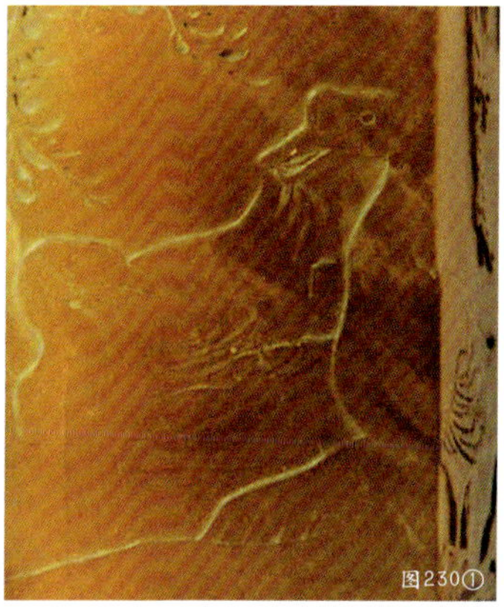
图230①

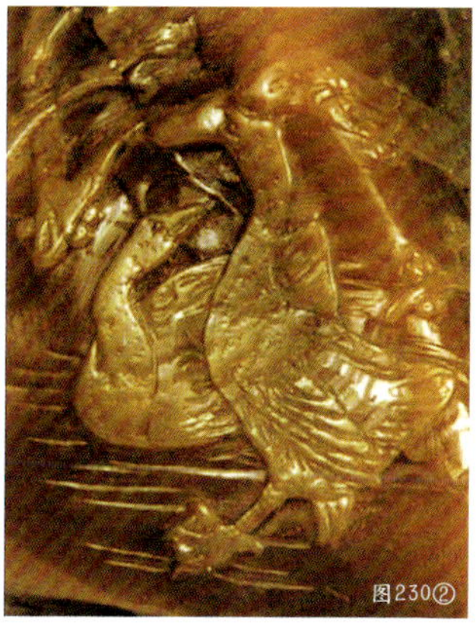
图230②

2.雕刻作者辨认

当人们收藏一件寿山石雕时，总希望知道它的作者是谁，是否出自名家之手。要证实当代在世的雕刻家作品，或许并不太难，而对古时名匠和已故艺人作品的辨认，就不是那么容易：一是有关古代雕刻匠师的资料有限，例如故宫藏品中有署名魏汝奋的石雕，却查不到他的传略事迹。二是可资参考的实物缺乏，有些已成稀有国宝，除由博物馆收藏之外，欲窥真貌，难乎其难。三是过去石雕艺人地位低微，其作品极少署名。还有的是同代人伪作，时代特征并无区别。以上种种原因，都会给鉴定工作带来一定难度。

寿山石雕作者的鉴定，最重要是要从各个艺人独特的个人风格入手，其次再辅以辨别款识的真伪。

(1)艺人创作风格辨析

雕刻也和书法、绘画一样，作者的思想品格、审美观念、技艺师承、创作习惯乃至使用刀具的选择，都会在他的作品中表现出来。特别是一些在历史上知名度高、影响力大的名家，作品的独特风格就更加突出。判断石雕作者，不能只着眼作品的表面形式，要抓住各人的特点，掌握他们的个人风格。(图229—图231)

迄今可考的古代寿山石雕名家，最早当推清代康熙年间的杨璇和周彬二人。

图231①

图231②

杨璇，字玉璇，又名玉璿、杨璣。原籍福建省漳浦县，客居福州。以擅刻人物及印钮名震当时。其风格对后代影响极大，被尊为寿山石雕“鼻祖”。

据康熙《漳浦县志》载：“杨玉璇，善雕寿山石，凡人物、禽兽、器皿俱极精巧，当事者争延致之。”周亮工《闽小记》赞他的雕作“运刀之妙，如鬼工”。(图232、图233)

图232　杨璇画像（丁梅卿绘）

图233　捧佛罗汉　清康熙　高山石　12.5×12（cm）　杨璇作
北京故宫博物院藏

周彬，字尚均。福建省漳州府人。成名稍晚于杨璇，擅刻人物、印钮和博古图案，备得金石家赞扬。

周彬制钮善于抓住刻画对象的形态特征，大胆夸张，突出性格，誉之谓“尚均钮”。徐子晋《前尘梦影录》评：“印钮以尚均制作为第一。”(图234、图235)

图234　周彬画像（丁梅卿绘）

图235　托钵坐罗汉像　清康熙　白芙蓉石　通高10.1（cm）
周彬作　北京中国历史博物馆藏

图236
浮雕云龙扁形章（拓片） 清代
都成坑石
7.5×6.6×1.4（cm）
潘玉茂作

杨、周两人的石艺虽同出一门，但风格迥异，前者素穆庄重，后者则兼具朴茂浑厚，有异曲同工之妙。他们的佳作许多被选作“贡品”供奉内廷，名噪一时，被奉为典范。追随者颇众，不但有同时代的王矞生、魏开通等人传其衣钵，其精湛的技艺对近现代寿山石雕艺术发展亦产生深远影响。

晚清时期的石雕高手甚众，需要特别介绍的是开创艺术流派的潘玉茂兄弟和林谦培、林元珠师徒。

潘玉茂，小名和尚。福建省侯官县(今福州市)人，居西门外凤尾乡。以刻制石章为业，继承周彬遗法，创作兽钮、浮雕造型浑朴，别具一格，为鉴藏家所称道，誉为“儒工”。其艺术传族弟玉进、玉泉两人，渐得发扬光大，被后世尊为“西门”派鼻祖。(图236)

林谦培，字继梅。福建省侯官县(今福州市)人。因擅刻寿山石圆雕摆件著名于世。善于利用石料自然形态依势造型，刻画细致，纹饰秀丽，人物画眉点睛，墨染须发，备极传神，颇具杨璇遗风。

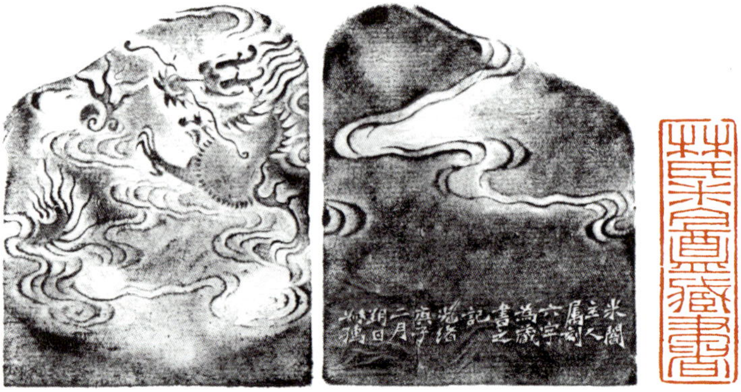

图237　林元珠画像（丁梅卿绘）

林元珠(1864—1935)，字石斋。福建省闽县(今福州市)人。早年拜林谦培为师，艺成后回居地东门外后屿乡传艺，是“东门”派的主要创始人。

元珠雕刻，题材广泛，圆雕、印钮皆其所长，造型别致，形态生动。兽钮以鼋鳌、水兽尤为精妙，须、鬃、毛、鳞、甲、发等细部刻画入微，人物雕件亦其所长，善以高浮雕表现历史题材，古拙朴茂。(图237、图238)

步入20世纪，流派石艺各自发挥，涌现出像林元珠、林清卿、郑仁蛟、林文宝、林友琛和林友竹等一批出类拔萃的匠师。

图238
浮雕竹林七贤插屏　“民国”
16.5×10.7×1.4 (cm)
林元珠作

林清卿(1876–1948)，福建省侯官县(今福州市)观前人，居凤尾乡。早年随陈可应学习薄意雕刻，后悉心研究画理，能“因材施艺，巧掩瑕疵”，以刀代笔，熔雕、画于一炉，突破藩篱，开辟寿山石雕薄意艺术的新途径。卓然成一大家，被誉为“西门清”，声名远扬海内外。其薄意艺术风格对当时及后世都产生深远的影响。(图239、图240)

图239–① 林清卿像

图239–② 林清卿常用印鉴

图240正面

图240背面

图240
薄意山水椭圆章 “民国”
高山黄水晶冻石
林清卿作
福建博物院藏

图241　林文宝画像（丁梅卿绘）

郑仁蛟(1881－1941)，字家声。福建省闽县(今福州市)人。师林元珠，又吸收木、牙雕刻工艺精华，丰富东门派表现技法。擅长圆雕人物，造型清丽，工艺细腻。其风格曾风行一时，模仿者甚众。

林文宝(1883－1944)，小名牛姆。福建省侯官县(今福州市人)。师承西门潘氏兄弟钮雕艺术，造型润美，风格超逸，依势肖形，取材广泛，被金石家誉为“钮工第一巨擘”。

《颐谖楼印话》评其印钮：“狮、虎、鱼、龙绝肖古刻，博古仿佛钟鼎彝器之纹。尤以印顶尖、圆、斜、扁之不同，依势肖形，俱能契古。”(图241、图242)

图242
瑞兽钮方章　“民国”
高山牛角冻石
7.5×1.7×1.7（cm）
林文宝作

林友琛(1894–1970)，又名有深、友清，号渭承。福建省闽县(今福州市)人。是林元珠次子，自幼耳濡目染，传承家法，除钮雕、圆雕外亦善薄意、浮雕，其艺术与林清卿有异曲同工之妙，故有“东门清”称誉。创作薄意多结合浅浮雕技法，纹饰精致，画面华丽，其风格与“西门清”有明显差别。(图243、图244)

图243–① 林友琛像

图243–② 林友琛常用印鉴

图244

图244
坐狮钮方章
黄高山石
7.2×2.4×2.4 (cm)
林友琛作

图246
伏狮罗汉
水坑黄水晶冻石
3.8×5.6×3.5 (cm)
林友竹作

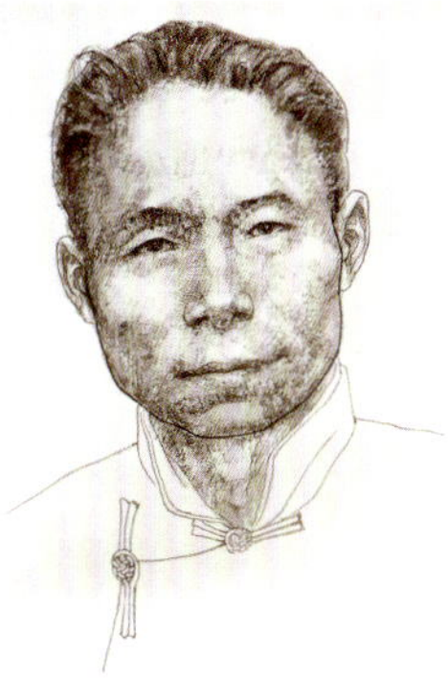

图245　林友竹画像（丁梅卿绘）

林友竹(1904–1952)，福建省闽县(今福州市)人。友琛堂弟，亦为东门派重要人物。擅长圆雕人物，所刻仙佛、仕女讲求石质与造型的统一，注重“量材取巧，利用俏色”，具圆浑而工巧的艺术效果。(图245、图246)

图246

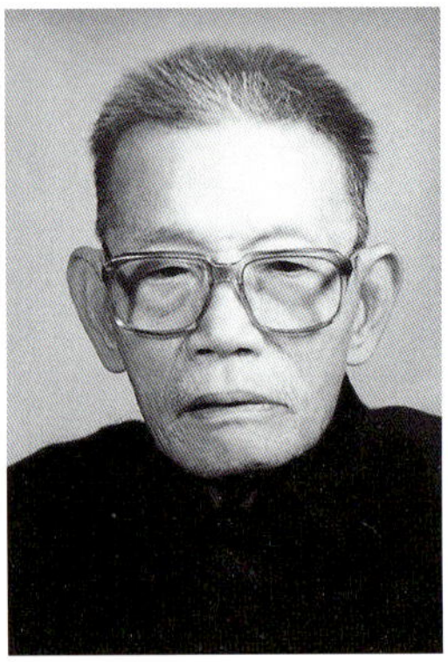

图247　周宝庭像

20世纪后半期，由于政治和经济环境的变化，固有的流派观念逐渐融合，名师高手各显神通。限于篇幅，仅就已故老艺人中几位突出人物简介如下：

周宝庭(1907–1989)，小名依季，又号异臂。福建省闽县(今福州市)人。早年师从林友琛，后又赴郑仁蛟处补艺，吸取各流派精华，兼容并蓄，自成一派，时下有人称为“周派”，誉其风格，独具特色。所作印钮、古兽和仕女最为典型。善于利用天然石形与石质俏色，巧妙塑造物像，以古朴的造型，逼真的神态和圆润的刀法，给观赏者一种沉静素雅的自然之美。生前获“中国工艺美术大师”荣誉称号。(图247、图248)

图248
双螭穿环钮对章
巧色高山冻石
9×2.4×2.4 (cm)
周宝庭作

黄信开（1911–1963），小名荣荣。福建省闽县(今福州市)人。师郑仁蛟，承其衣钵，擅长人物、动物圆雕。观音造像尤见佳妙，形态端庄，衣褶流畅，后人多宗其法。(图249、图250)

图249　黄信开画像（丁梅卿绘）

图250
观音犼
白旗降石
5.1×4.5×2.5（cm）
黄信开作

图251　王雷庭像

黄恒颂（1912–1958），小名香俤。福建省闽县(今福州市)人。出郑仁蛟门下，擅长钮雕及动物圆雕。形象逼真，栩栩如生，富有浓厚的生活气息。

王雷庭(1919–1983)，小名依媄。福建省闽侯县(今福州市)人。薄意雕刻私淑林清卿，颇得其法，是继林清卿之后的西门派薄意名家。所作运刀严谨，刻画精细。(图251、图252)

图252
薄意春溪　巧色都成坑石
20×22×4（cm）
王雷庭作
福建省工艺美术珍品馆藏

图253 林寿煁像

林寿煁（1920—1986），小名煁宝。福建省闽侯县（今福州市）人。林友琛三子，承祖辈雕艺而勇于开创，工薄意、浮雕，表现手法多样，构思新颖，玲珑剔透，极尽工致，在海内外声誉卓著。(图253、图254)

图254
薄意山水随形章 掘性独石
8.5×8×3.5（cm）
林寿煁作

图255　郭功森像

郭功森(1921—2004)，福建省闽侯县(今福州市)人。师林友竹，工圆雕、印钮。曾赴中央美术学院华东分院深造，继承传统，立志创新，作品构思新颖，形象生动，刀法简洁细腻。生前获“中国工艺美术大师”荣誉称号。(图255、图256)

每一个雕刻家的创作风格，不是单凭文字介绍所能说得明白，尚靠鉴者多学、多看、多比较，持之以恒，自有心得。

“学”，是多方面的，既要向有丰富经验、真才实学的鉴赏家请教学习，掌握鉴定要领和方法，还要向雕刻艺人学习，了解他们的艺术构思、创作方法和刀法手势，研究不同作者各

图257
渔女
周宝庭中年作品

图258
执扇仕女　巧色高山石
9.8×4.8×3（cm）　周宝庭晚年作品

图256
双龙戏珠钮扁形章
巧色荔枝冻石
6.2×5×1.8（cm）
郭功森作

图259
周宝庭中、晚年刻画仕女面相比较
①中年所作
②晚年所作

图256

自的风格特征。如果条件许可的话，鉴赏者不妨也尝试一下亲自操刀，学习雕刻技术，从而悟出刀法奥秘。有了创作实践经验对鉴定工作不无帮助。此外，提高自己的艺术修养、理论水平和审美能力，特别是对寿山石雕的史源流派和历代艺人身世、师承的认识和理解也是大有裨益的。

“看”，就是要多接触实物。没有观摩大量的名家作品，仅从理论上去谈论鉴别，只能是“纸上谈兵”。鉴赏者有机会要多到博物馆或展览会等场所去观赏、研究经过专家严格鉴定过的名人佳作。同时从著作、图册中去琢磨名家的艺术特征也是必不可少的。

“比较”，即不单单要研究珍品真迹，还需要接触赝品，有意识地将真、伪作品进行比较分析，分辨它们之间的差异。不知假，如何去识真，最可怕的是以讹传讹，误将赝品当真品，结果一旦遇见真物，反认其为“伪”。

俗语道：“不怕不识货，就怕货比货。”鉴别要经过多方面的比较后，才能做出正确的结论，不能主观臆测。

一位艺人的作品风格都有着一个演变过程，绝不是与生俱来一成不变的，不同时期有不同的特征。譬如一代宗师周宝庭，他的风格是脱胎于东门派，经过融会各家之长，吸取汉唐雕塑精粹之后才形成的。从他的遗作中可以明显看出，早期作品刀法细腻，刻画入微，端庄中见秀

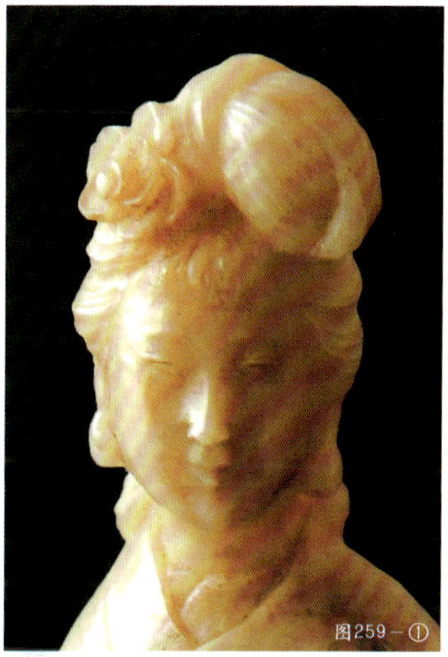
图259－①

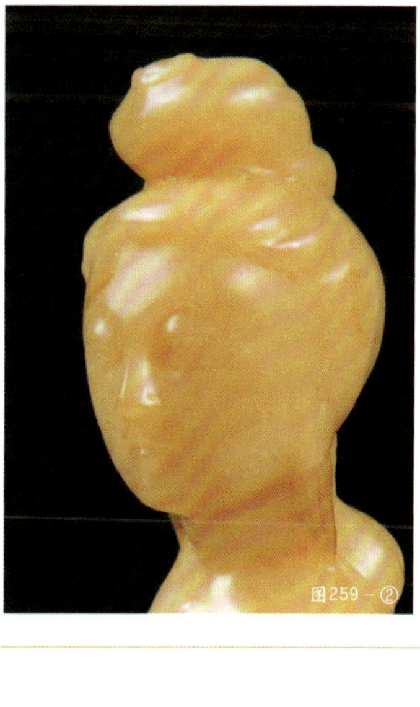
图259－②

巧，晚年之作始现古拙凝重，浑然潇洒，达到炉火纯青的境地。因此，要分别艺人早期、中期和晚期的作品，就需要更丰富的实践经验和更全面的资料积累。(图257—图259)

艺人一生作品无数，其中艺术水平也高下悬殊，一般商品、应酬之作和精心创作，其效果显然不同。所以说，真品未必都是精品，同样，赝品也不见得就是劣品，在伪制前代名家作品里，也不乏有出自技艺高超者的精妙之品。有的不但造型、刀工相似，而且神韵也惟妙惟肖，足可乱真，甚至达到“假赛真”的境界。须明白鉴定真伪与评价优劣是两个不同概念，不能混淆。

(2)作者署名款识辨伪

鉴定石雕作者时，除了时代特征、个人风格等主要依据外，作品上的署名也为鉴者提供了有力的佐证。

照理讲，作品上的署名及纪年是作者为取信于人，用以表示对创作品的负责。可是，寿山石雕的情况比较特殊。由于历史的偏见，在过去很长的历史时期里，石雕被视为“雕虫小技”，难登大雅之堂，不像书画作品那样，作者可以随意落款题识。查考明代以前的传世寿山石雕，几乎找不到署名的作品。雕刻家署名的作品在清代康熙年间才开始出现，但也不普遍。如杨璇喜在雕作底部或背面阴刻行书“玉璇”二字。周彬制钮多在隐处刻上阳文八分体“尚均”。魏开通、魏汝奋也喜欢在作品的底座留下阴文题识，他们的落款都与作品浑然一体。综观清初寿山石雕也只有寥寥几位署款艺人，可见署名之风并未在民间广泛流行。

后来，随着寿山石雕的商品化，署名作品就更加少见。像林清卿这样深得收藏家推崇的薄意艺术家，倾毕生心血，佳作数以千计，但也不愿意轻易落款。

20世纪中期，寿山石雕行业开始成立合化社、专业厂，以工业化形式组织生产、销售，绝大部分作品当然更谈不上署款。其间部分作为展、礼品或个别艺人创新之作，偶见署名。

如艺人王乃杰常在雕作底部涂以黑墨，然后阴刻楷书姓名。亦有一些文化偏低的艺人，完成作品之后请人代为署名。如周宝庭晚年一批古兽摆件，由王雷庭代为署刻阴文正楷“周宝庭作”便是一例。

改革开放以来，海内外藏家追捧名家之风骤起，购藏者大都要求艺人署名为据，促使署款蔚然成风。有些作者还借题跋叙述创作缘由或抒情遣兴。此举无疑对提高寿山石艺术品的收藏价值和雕刻家自身的知名度起到重要的作用，同时也为鉴定提供了足够证据。(图260)

但是鉴者也不要被石雕上的署名所迷惑，应该深入地进行真伪鉴别和具体分析。

石雕题款有三种情况：一是自署款，二是代刻款，三是伪造款。凡遇署款之作，先要查

图260
古今部分雕刻家署款式样（一）
①玉璇（杨璇 清代）
②尚均（周彬 清代）
③魏汝奋（清代）
④沧门（董沧门 清代）
⑤林清卿（民国）
⑥文钊（阮文钊 已故）
⑦雷廷（王雷庭 已故）
⑧碧英（林碧英 已故）
⑨功森（郭功森 已故）
⑩⑪ 石卿（郭懋介 当代）

对作者签名的真迹，从字体笔画及落刀习惯等方面进行认真核对，细心比照，决不可轻信署名。摹仿别人字体难免刻板不自然，形近而神离，运刀也往往迟缓呆滞，显得造作。

常见假款有三种：一是伪刻署假款。作伪者为了牟暴利，赚大钱，投藏家所好，凭空臆造或者有意效仿某位名家的雕作，而后署上假款欺人欺世。这种伪作多数水平不高，较易辩识。二是旧作刻新款。利用古旧石雕中有风格近似某名家者，摹仿前人笔意刀法新刻名款，将无名氏旧作变成大名家作品。由于风格与年代都有相像之处，不易露出马脚，使人深信无疑。作伪手段之高，方法之妙，实属少见。三是真品添名款。有些名家作品原本没有落款，藏者擅自在上面添加款识，结果弄巧成拙，真品反成了伪作，令人啼笑皆非。

经过审谨鉴别确信真款的石雕，是否都完全出自署名人之手呢？也不尽然，有的大型作

图260

古今部分雕刻家署款式样（二）

⑫⑬元康（林元康 当代）

⑭发述（林发述 当代）

⑮林亨云（当代）

⑯⑰梅卿（丁梅卿 当代）

⑱荣基（林荣基 当代）

⑲爱珠（刘爱珠 当代）

⑳世英（俞世英 当代）

品不可能由个人全过程亲手雕刻，通常需要在他人的协助下完成的，这类雕件与作者自己一手完成的作品是会有所不同的，从艺术效果上来说，两者自然不能同日而语，鉴定时需要将其区别开来。另外还有仿刻、代刻、改刻等情况，虽属个别，亦需提防。

个别艺人稍有名气，一时求者接踵而至，或为应酬，或图便捷，就由他人为之代刻，然后署上自己的名字出售，或是以低廉价格购入雕技拙劣的石雕，稍加修改后也轻率地署上大名。如此不负责任的做法，最终令声誉大减，贻笑大方，真可谓“搬起石头砸了自己的脚”。此类伪作有时虽然形象相似，但是不同的创作风格和运刀习惯，为鉴定提供了依据，只要熟悉了某人的特点和刀法，识别也不难。

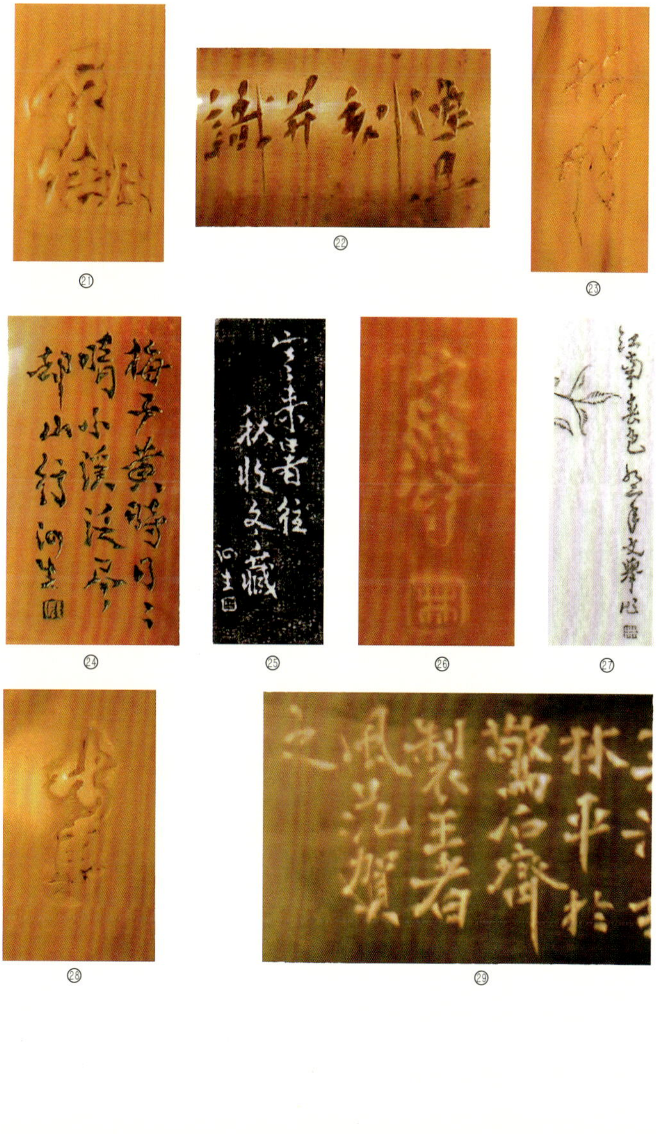

图260
古今部分雕刻家署款式样（三）
㉑石癫（冯志杰 当代）
㉒逸凡（王一帆 当代）
㉓林飞（当代）
㉔㉕泗生（潘泗生 当代）
㉖㉗文举（林文举 当代）
㉘林东（当代）
㉙林平（潘惊石 当代）

收藏与投资

一、收藏市场发展简况

寿山石的收藏活动主要是通过市场交易的形式进行流通的。在唐代以前，未闻有寿山石作为商品的记载。两宋时期成了地方特产，“官取造器”进贡朝廷。民间作坊雕制艺术品、殉葬品等供应买家，颇具规模，但多属一般手工艺品，尚未引起收藏家的重视。

寿山石及其雕刻品进入收藏市场的时间大约萌于明而盛于清。初时仅限于印章一项，名不大著。自清以降渐次兴旺。据毛奇龄《后观石录》载：“康熙戊申（康熙七年，公元1668年)，闽县陈公子越山，忽赍粮采石山中，得妙石最夥，载至京师售千金。每石两辄估其等差，而数倍其值，甚有直至十倍者。”可观的利润和广阔的市场，加速了收藏家队伍的壮大，以至“凡将军督抚，下至游宦兹土者，争相寻觅”。出现了“石益鲜，价值益腾”的场面。崇彝在《说印序》中亦云：“雍乾之际，承平日久，王侯巨邸，雅尚。于是闽越旧坑之产，加以良工雕琢，致之京国。不充富家之馈饷，即供学士之搜罗。”

此时闽省官吏，凭借权势搜刮寿山珍品进贡皇上，作为加官进爵的敲门砖，寿山石的丽质博得天子欢心，或制作玺印以示皇权，或雕刻艺品清赏消遣。上有所好，下必效之，以致京城的达官贵人，豪门大族们也纷纷附庸风雅，令藏石之风愈演愈烈。

清代北京琉璃厂是书画古玩业的集结之地，上至公卿，下至士子，时来雅游。不少商铺投其所好，做起寿山石生意，吸引藏家争相购取，致使石价一时徒增。其中负有盛名者有英古斋、德宝斋、荣宝斋、尚古斋、式古斋以及会文斋、龙云斋等刻字铺。

在福州，经营寿山石雕及印章的店肆,多集中开设在明清以来闽省总督府、省政府等最高行政官署旁侧的总督后(今名省府路)。在这条长不盈里，屋宇毗连，参差错差的小街两旁，古董店、图章店鳞次栉比，店主多是“西门派”艺人，前店后坊，招揽四方寿山石爱好者前来观赏选购。不但高官富贾是这里的常客，就连京都钦差大臣来闽也会下驾小店品石论艺。

“青芝田”是一间创建于明代嘉靖年间的文玩老铺，至清同治时由陈立昂接管后迁址总督后扩大经营，世代相传，繁衍出吉乐斋、彝鼎斋、怡庐，以及青芝田正记、仁记、义记等分号。是福州石章业历史最长，规模最大，声誉最高，分支最多的商号。

此外，自晚清至“民国”期间在总督后开设的寿山石商号还有刘秀古、陈宗士、品玉斋、碧琳章、冯华记、茂记、慎记、翠珍、锦玉斋，以及后来迁移店址的马桢记、梅芬阁等。加上散布榕城各处的陈祥记、慎昌仁、点石斋等计有数十家之多。这些经营者或精通石艺，自产自销，或经商有术，聘良工刻钮，集寿山石艺之大成，一时顾客盈门。

清末“民初”，全国各大城市寿山石市场也悄然兴起。如与北京毗邻的天津，占地理优势，当末帝退位后溥仪、王公大臣，以及北洋政府的下野总统、官僚等都先后来此避居，不少宫廷御用和私人珍藏寿山石珍品流入古玩市场。创始于20年代的劝业场，经营古章颇为集中。首都迁到南京后，为满足政客官僚、巨商豪富的收藏、送礼需求，南京石市交易也相当频繁，还吸引不少福州石贾前往租栈房做生意。到了抗日战争爆发，寿山石市场转盛为衰，景况一落千丈，十分萧条。

20世纪中叶，寿山石市场开始复苏，经营主要以工艺品和国家展礼品为主。内销市场通过各地艺术品商店如北京工艺美术服务部、北京荣宝斋、上海朵云轩、杭州西泠社等处零售。外销市场则通过工艺品进出口公司统一经营，远销我国港澳、日本、新加坡、美国、法国、意大利、智利和澳大利亚等二十多个国家和地区。参加国内外举办的各种展览会数十次，许多名师佳品选作国家礼品赠送友好国家元首，或被博物馆收藏。

改革开放以来，寿山石收藏市场呈现出新的生机，突破过去商业独家经营的机制。1982年，历史上首次“寿山石展览会”在香港举办，创作者与收藏者直接见面，现场咨询，轰动我国港、澳、台及东南亚收藏界，开创了寿山石文化推广的新形式，促使海内外收藏寿山石

图261
嵌人物图镂空龙寿纹围屏　清康熙
寿山石
（该作品于2003年香港拍卖会以2300多万港元成交。香港《东方日报》报道）

再掀高潮。在近年的国内外艺术品拍卖会上，寿山石艺品的交易价值一路飙升。清代康熙两件御用品《芙蓉石双夔博古钮对章》和《寿山石嵌人物图镂空龙寿纹围屏》，分别以四百万和二千多万港元落槌，刷新了寿山石同项艺品成交价的最高记录。(图261)

目前，在寿山石的故乡——福州市，经营寿山石的商家犹如雨后春笋，遍布全城。其中坐落在繁华的六一中路“特艺城”、风景秀丽的西湖南侧“珠宝城”和素有石雕之乡称誉的后屿“寿山石交易中心”以及新近开张的“寿山石文化城”等大型商场，集中店铺达数百家之多。

二、寿山石的投资价值

寿山石兼备文化和商品两个属性，投资寿山石雕具有审美和经济双重意义。凡石质美，雕刻精的寿山石艺品，常被人们视作文玩珍宝加以收藏。历史上许多时代名作，不仅有很高的观赏价值和收藏价值，并且随着岁月的推移，还具备市场变相的通货功能。只要投资得当往往会超常升值。

寿山石素以保值力强而著称，特别在商品经济发展速猛的今天，许多藏家都亲身体会到藏石较储钱更加保险，并且有寓升值于玩赏之中的乐趣。

许多藏家都希望了解哪些寿山石艺品最具升值潜力，怎样评估寿山石雕的价值和如何选择投资方式。

1.市场预测与价值评估

影响寿山石艺品价值的因素是多方面的，投资者不但需要掌握专业鉴定技术，还应当具备经济商业头脑，其中包括市场趋势、石矿资源、历史年代、名家效应以及作品的艺术质量等。

图262
菊花烟缸　巧色旗降石
8×24×11（cm）
已故名艺人王乃杰作
福建省工艺美术珍品馆藏

(1)市场动态分析

社会的政治、经济环境状况，对于寿山石市场的兴衰始终起着主导的作用。远的不说，单从几百年来石市观察，足以证明对寿山石价值影响最大的因素应该是政治，其次是经济。每当太平盛世，寿山石市场必然兴旺，若遇改朝换代，社会动荡，石市势必一蹶不振。清代康、雍、乾时期，寿山石种种皆珍，价同珠玉，一转手就有数倍甚至十数倍的盈利。到了晚清，国力衰落，就连慈禧太后使用的玺印，有些也不过粗糙材质，劣工雕作。甲午、庚子时局不稳，富豪携眷逃命，所藏佳石散落不计其数。接着满清覆灭，宗室贵胄为生计将皇宫、王府中收藏的寿山石珍宝抵押银行、当铺，过期而无力赎回，结果被当作“封货”“封当”廉价拍卖。

抗战期间，战火纷飞，庶民生命不保，更谈不上玩赏购藏。“文化大革命”时，抄家“破四旧”，多少寿山石艺珍被当作封资修砸得粉碎，还有谁会花钱去自讨苦吃呢?

步入20世纪后期，政治稳定，经济繁荣，人民生活水平大幅度提高。只有在这样的大环境里，寿山石的升值潜力才能得以充分发挥。近20年来，寿山石一直是藏家投资的热门货，竞买者雄心勃勃，如饥似渴，前景广阔。

(2)物以稀为贵观念

“物以稀为贵”可说是艺术收藏品价值观念的一大特征。凡稀少而奇特的寿山石艺术品大都备受藏家追捧，价格之高令人咂舌。

寿山石属于不可再生的珍贵宝彩石，资源有限，品种繁多，每块石材的形态、色质都各有特征，欲想寻找两块相同的寿山石，难上加难。加之雕刻艺人因材施艺，创作出的艺术品也不可能一样，因此独具稀而奇的特性。特别是那些已经绝产的冻石、独石，和已故艺人的佳作，其升值幅度更加显著。

有远见的收藏家深晓佳石“可遇不可求”的道理，将投资眼光放在正处大规模采掘期的石种上，趁其产量大、石质美和价格廉的时机，积极选购珍品，待到脉断产竭之后再高价抛

图263
母子角端钮日字章
白荔枝冻石
6×4.2×2.1（cm）
已故中国工艺美术大师郭功森作

图264
福在眼前
银裹金善伯冻石
10×4.2×8.5（cm）
中国工艺美术大师林发述作

图263

售，便会有不俗的回报。

(3)历史年代价值

崇古价值取向，是传统的收藏心态。古旧寿山石及其雕刻品随着历史的推移，必将愈见稀罕，况且石经代复一代藏家之手，抚玩摩挲，倍显滋润浑厚，古色古香，怀古之情悠然而生。同时，历史上具备有收藏价值的寿山石雕艺人也为数不多，传世作品亦如凤毛麟角，难得觅见。目下且不说古代寿山石艺品的市面价格是天文数字，就连已故艺人的遗作，只要风格独特，也同样是抢手货。譬如林清卿的薄意作品，距今只不过半个多世纪，其价值已是数十倍地往上翻，若是表现技法高超的代表作，更因其不可取代性，升幅就愈加明显。所以搜寻购藏古旧艺术水准高的寿山石雕时，若遇些微损破、瑕玷，只要无伤大局乃不失为珍贵之品，这无疑是一项很明智的投资。当然，投资古旧品也存在较大的风险，如投资大、鉴定难、市场小和周期长等，务须谨慎。

(4)雕刻名家效应

藏家总喜欢收藏“名人”之作，寿山美石经名人雕琢顿能点石成金，令石生辉。在艺界声望较高的雕刻家，不论古今，他们的作品对于收藏家来说都会有很强的吸引力。当然，也不能只闻其名而不观其艺，更主要的还是看他的功力。再者每位名家的艺术生命都有一个高峰期，所以投资时应瞄准最佳时段，不能一概而论。(图262—图264)

名家之作，价格高昂，虽具升值大的优势，但通常需要占用巨额的资金。有卓见的藏家看好素质高有发展前途的中青年雕刻家，待日后随着作者知名度的提高，价值也必然扶摇直上。这种投资能以较少的投入而获得满意的回报。正如俗话所言“瘦田无人耕，耕开有人争”。这需要的是眼光、机遇与时间。

(5)作品艺术质量

寿山石雕的质量构成主要包含质料和加工两个方面。不同的石种都有不同的质量标准，

图264

图265
寿山石艺术珍品创作过程
山红涧碧纷烂漫
7×8×5.3（cm）
中国工艺美术大师潘泗生作
①作者因料取材，因材施艺，精心设计雕刻。
②质莹色丽的名贵五彩都成坑石
③充分保留原石造型，巧用俏色，应用浮雕
形式表现古人诗意，融质料美与艺术美于一体，
意境深邃。
④利用背面天然色皮刻阳文行书款

图265①

但是，总离不开质、色、材三项主要指标。

“质”，就是石料的质地。寿山石质地的优劣对价值评估所产生的作用是至关重要的。作为矿石，松、软、坚、脆、细、润、粗、杂都属自然现象，偶见裂纹、砂格等瑕疵也是在所难免，对此要加以具体分析，不可过分苛求。

鉴赏家对寿山石的质地要求，总结为“净”“腻”“莹”三字。“净”指的是纯洁度，以洁净无瑕为上品；“腻”指的是细密度，以致密润滑为上品；“莹”指的是透明度，以通灵莹澈为上品。

“色”，就是石料的颜色。寿山石色有单色、两色乃至多色混合，色彩的变化也非常复杂，时而浓淡渐变，时而色界分明，从而产生出种种美丽的花纹图案。对石色的评价与时代习尚、个人爱好都有着密切的关联，难以划一标准。如两宋推重艾绿，清时崇尚明黄，而近数十年似乎石色红艳者更受追捧。有的人爱桃花冻，有的人喜鱼脑冻，也有的人却对奇特纹饰情有独钟，真可谓“仁者见仁，智者见智”。尽管对于色彩各有所好，但是“纯、正、鲜”总为多数鉴藏家所认同。

“材”，就是石料的大小与形状。在质色俱佳的前提下，凡石材方、高、大者，其价值自然会更高。

俗语道：玉不琢不成器。寿山石也同玉一样，它的艺术性只有经过精心加工雕琢之后才能充分地发挥出来。因此说石质美和艺术美都是决定寿山石艺品价值的主要因素，而两者又必须结合统一在作品之中。

衡量一件寿山石雕刻品的艺术质量，不能离开质料而论雕刻。艺人在动刀之前总要对石材揣摩一番，然后根据石材的特性去选择相适应的题材和造型，这就是行家所云：“因料取材，因材施艺。”唯有能够烘托出寿山石材质之美，使材质美与造型美有机契合，相得益彰的雕刻品，才富有艺术感染力，也才有艺术价值可言。反之，不分青红皂白，滥施斧凿，非

图265②

图265③

图265④

但不能使石料增值，连材质之美也被破坏殆尽，一文不值。(图265)

世上不存在完全一样的寿山石材，同样也不会有造型相同的寿山石雕，作品之间的价值有着天壤之别。玲珑剔透，纤细穿凿，纹饰复杂，耗费工料的石雕未必价值就一定高。相反，有时造型圆润，形态浑朴，刀法简练，花工不多的作品，却往往因为能体现石的润美而更具艺术魅力。所以对寿山石雕不能像工业产品那样，简单地采用原料与工时相加的办法去评估它的价值。一件成功的艺术品通常会脱离常规的商品成本价值规律，直令石料成倍乃至数十倍、上百倍地增值。这里需要鉴赏家的慧眼和胆识。

此外，不同的时间、地点，以及市场类型、消费心态等各种因素也会对价值起到一定的制约作用。评估时亦应进行详细的调查研究，才能掌握好价值升贬的规律，做出正确判断，不可疏忽。

2.投资方式

寿山石雕不同于一般商品，也有别于其他珠宝艺品，它有着自己的市场规律。其投资方式可分为两种类型：一是纯粹以利润为目的商业投资，多以短线为主；另一类则是将收藏与投资有机结合起来，寓盈利于玩赏之中。

从事经营活动的商人，本身不一定都是收藏家，做寿山石生意是为着谋求高额的利润。那么“在商言商”，就应该在消费市场方面多下功夫，大量搜集和研究各地商情。同时还要熟知寿山石矿藏资源，雕刻界艺人状况，学习掌握一定的鉴定知识。总之，在产与销两方面的行情都要做到了如指掌、胸有成竹，而后根据市场的需要，有的放矢地去组织货源。选货时也不能单凭自己的喜好和兴趣，要顾及消费者的审美情趣和承受能力。

对于石贾来说，只有适销对路的货品才算是好货，最忌主观武断、盲目投资，结果造成商品积压，导致投资失败。最理想的投资效果是以最低廉的进价，在最短的时间内脱手，从中获得最丰厚的利润。

寿山石的投资，不仅限于生意人，自古以来，鉴赏家精于此道者也大有人在。其实鉴购收藏的商业活动，本身就包含有投资的因素，只不过有些藏家自视清高，羞于言利罢了。或者凭借家中雄厚的财力，觅寻珍品，秘不示人，希望代代相传，子孙永宝。可在事实上，这非但不能现实也是难以办到的事。即便你一生穷困潦倒也不肯变卖心爱之石，可是谁又能保证你的后代都能守住先人的遗泽呢。物之聚散完毁，不为人的意志所转移。

鉴藏家视收集、玩赏寿山石为怡神养性、赏心悦目之雅事。他们为着个人的精神享受去观赏，按照自己的审美标准去购藏，在实践中去提高自己的鉴赏能力和艺术修养。旧品新作兼收，各种风格并重，与此同时，留意市场的行情，待价而沽，只有遇到合适的买家和理想的价位时，才肯割爱相让。或石品枯竭，或作者作古，升值在所必然。这种投资方式不单有不俗的经济效益，还给藏家提供一个吐旧纳新、提高收藏档次的良机。既陶冶情操又增长知识；既收藏珍宝又投资获利：此等一举多得的好事，何乐而不为呢。

看来这种收藏投资较之纯商业投资，似乎更符合寿山石市场的特性。因为，虽说寿山石艺术品在某种程度上可以抗衡通货膨胀，但是它不像投资股票、债券那样容易变现。石市面窄，流动性小，要寻找适合的买家，还需靠“机缘”。

三、藏石保养须知

寿山石是一种珍贵而又娇嫩的彩石，需精心呵护才能永葆光彩。常言道：蓄石在玩与养。怎样“玩”？如何“养”？这当中可有大学问。对于藏石家来说，具备玩赏和保养的知识是必不可少的。

护石之道，要从采石开始，贯穿于石璞蓄藏、艺品保护和抚玩养石各个环节。

图266
野舫
方田仔花坑冻石
8.5×8.5×4.3 (cm)
郑世斌作

1.石璞蓄藏

石璞又称“毛石”，是指刚刚采掘出来尚未加工的原石。由于寿山石硬度低、质地细，又夹存于石英斑岩深处，凿洞取石难度很大，极易受到人为的震荡而出现破裂或产生微细的格纹，石工称它为“震格”。这类格纹并非矿石所固有，皆因使用烈性炸药和开采操作不当等野蛮采石方式，因而造成不可弥补的损失。故采石这道关一定要把好，切勿急功近利，得不偿失。有经验的石农在采矿时，除开洞凿岩使用微量炸药爆破和风钻之类机械外，一旦触及矿体即要改用手工小心采集，绝不会一味贪求速度而令美石添瑕疵。近年出产的新石普遍裂纹增加，究其原因多数并不在石质本身，乃野蛮采凿所致。

新采之石犹同初生婴儿，十分娇嫩，容易脱水干裂，最好存留洞中一段时间，不急于搬出洞外，以避免阳光曝晒。出洞之后严禁置放旷野高温环境，应及时储藏在地窖或者阴湿的地方，并且经常洒水保持润泽。

采出的石材许多都含杂围岩砂质，雕刻之前要经过去皮、除柳、清砂格和踞切坯料等工序，谓之“开料”。开料时谨防热燥迸裂，强烈碰撞。古人很讲究解石方法，《观石录》云：“解石先相其理，次测其络，于是避水痕，凿砂隔以解之。石质厥润，锯行其间，则热。行久热迫而燥，则烈。解法：水解为上。锯行时，一人提小壶，徐倾灌之。”

2. 艺品保护

经过艺人雕制以后的寿山石艺术品可分为三类：一是陈设品，又称“摆件”，供室内摆放观赏，多为大件品；二是印章，兼备实用与玩赏价值，为文人雅士所钟爱；三是把玩品，有文玩、佩饰等，大都是体积细小，石美艺精，适宜随身携带把坑。

各类寿山石雕的保养方法，应视石质情况，分别用蜡封与油养两种方法。

图267

蜡封适用于粗质的寿山石，以四川白蜡和东北软蜡按比例调合成中性蜡溶液，薄涂于石雕外表，待干后用麻质布反复揩擦，直至焕发光泽。石雕经过上蜡处理，如同罩上一层透明保护膜，石性得以稳定，色泽纹理充分显露，有一劳永逸之功。但是操作需在高温中进行，石质容易遭到破坏，失却灵性与韵味，故名贵石种不宜施用此法。

油养是寿山石雕的最佳保护方法。收藏家为了防备裂，增润泽，通常会在石面涂擦油脂，甚至将小型雕件浸泡在油缸里，累月积年，油透肌理，石质倍见温润。

说到油养，至关重要的是选择理想油料，因为它直接关系到护养的效果，若用油不当，未见其利，反受其害，万不可忽略。收藏家经过长期实践经验明证，最理想的护石油料当推“陈年白茶油”。这种取自茶籽的天然植物油，性和质柔，再经过长时间的沉淀提纯，水分挥发，护石最佳。次则花生油、芝麻油。这两种油质与白茶油相比，色浊性浮，黏度略高，易使石色黝暗泛黄，故洁白通灵之石应慎用。此外，葵花油、粟米油等新近上市的优质食用植物油，亦具养护功效。最忌者是使用各种动物油脂或其他合成油料。

有的藏家苦于买不到提纯的“陈年白茶油”，而贪图方便改用护发油、润肤油之类美容用油养石，以为不沾手，有芬香，易取悦于人。殊不知这些化妆品并非天然油脂，含有大量香料和挥发剂，长期涂抹会使化学物质残留石面，对石质产生腐蚀作用。这样不但无益，反损自然光彩，不可不慎。

“陈年白茶油”可以自己配制，其方法是将一个大口玻璃瓶，盛满食用茶籽油，以纱布封瓶口，放置阴湿处，历数年，让油料水分蒸发，杂质沉淀。然后徐徐倾出上层清晰透明部分，便是冬不凝、夏不稀的最佳护石油了。

应该说，在寿山石的诸多品种中，绝大多数都有“好油”之癖，唯独白芙蓉冻石好洁忌污，沾油容易留下油渍。欲求石面保持洁白，不可长期接触油脂。

有些人总担心寿山石抹油后会沾手，给玩赏带来不便。其实这是对油养的曲解，因为油

图267
夔凤钮方章
艾叶绿冻石
5×4.8×4.8（cm）
姚仲达作

图268
寿星
巧色鸡母窝冻石
8.5×4.5×3.8（cm）
阮章霖作

护仅限于石雕在陈列和藏放之时，随身携带把玩的作品并不需要涂油。

3．抚玩养石

在寿山石艺术品中，最大量最富特色的是印章、文玩之类小型玩赏品。这些凝腻晶莹，纹理瑰丽的名贵冻石，经过艺人巧妙雕刻之后，品高韵长。它不仅仅带给赏者以视觉美，而且还可以藏储衣袋，受人气之养，握于掌中，供摩挲抚玩，从中感受触觉美。玩赏者在品味石质和雕艺的同时，借着肌肤触感，产生柔润和谐的心境，引发无限美好的遐想，达致石人合一，心旷神怡，净化心灵，修心养性的目的，对身心的健康有莫大的裨益。难怪清代名士高兆会对寿山石发出“贵则荆山之璞，蓝田之种；洁则梁园之雪，雁荡之云；温柔则飞燕之肤，玉环之体。入手使人心荡”的感叹。（图266—图268）

玩石对于养石的功能也是显而易见的。人体的皮肤，尤其是鼻翼两侧的皮下脂腺较为丰富，经与石摩擦，分泌出来的油脂便会均匀薄敷石表，石质顿显嫩滑亮丽，熠熠生辉。久之，色沁肌理，奇致异趣，悠然而生。个中滋味，唯有心知。

图268

方宗珪，字方石，号阿季。

1942年2月生于福建福州。擅书画，精雕艺，致力寿山石理论研究40多载。

出版有《寿山石志》《寿山石全书》和《中国寿山石》等近十部专著。

现为高级工艺美术师，获“特级名艺人”荣誉称号。

现任中国宝玉石协会理事、印石专委会常务副主任等职。